AF317659

LA GUERRE EN TEMPS DE PAIX

CH. THÉOLIER

LA GUERRE
en temps de paix

PAGES VÉCUES D'HISTOIRE MILITAIRE

1901

LA GUERRE EN TEMPS DE PAIX

CHAPITRE PREMIER

La guerre de demain et celle d'aujourd'hui. — Chauvinisme et réalité. — L'honneur de l'armée. — Une république de farceurs. — Comment un régime se condamne. — Les droits du seigneur et l'impôt du sang. — La réduction du service militaire. — La question des effectifs. — L'armée de Soubise. — Employés et embusqués. — Ateliers de corps et maîtres-ouvriers. — Rince-cuvettes et bonnes d'enfants. — Une vertu bien militaire.

Les gens qui encouragent de leurs flatteries les pernicieuses passions du sabre, tout comme ceux qui condamnent en bloc notre système et

nos institutions militaires, me paraissent également-
ment dangereux pour la sécurité nationale.

Les uns, entraînés par les idées nouvelles sur
la pente du progrès et de l'émancipation sociale,
substituent trop commodément leur conception
de l'humanité aux réalités de l'heure présente ;
tandis que les autres, par leur confiance aveugle,
leur respect outrancier du galon et leur dévo-
tion au panache, nous exposent tout simplement
aux pires des surprises et des déceptions.

Certes ! quand on songe aux brutalités, aux
pillages, aux assassinats dont certaines guerres
toutes récentes nous ont offert l'édifiant spectacle,
on ne saurait envisager sans appréhension la
possibilité d'un conflit européen et nier, contre toute évidence, l'impérieuse nécessité d'avoir
sous la main une armée soumise, forte, unie et
disciplinée, pour la sauvegarde de notre indépendance et la protection de nos foyers.

Quelque puisse être, cependant, la gravité de
ces considérations, il serait puéril de croire que
nous accomplirions un devoir civique en taisant
nos doutes et nos scrupules et en nous inclinant,
sous couleur de patriotisme, devant la formule du
tacite silence.

Non ! J'estime qu'il vaut mieux, dans l'intérêt

même de l'armée, dénoncer les abus qui amoindrissent sa force et discréditent son prestige, que confondre dans les témoignages d'une inconsciente satisfaction ses défauts et ses mérites.

C'est donc un devoir pour tout écrivain qui a pu examiner de près les dessous de cette armée, pénétrer sa vie intime, étudier sa psychologie, découvrir ses vices et surprendre ses faiblesses, de livrer à l'appréciation de tous la justesse de ses observations et le bien fondé de ses critiques.

Bien des hommes de talent ont proclamé déjà l'utilité d'une telle propagande et, pénétrés de la nécessité de cette besogne indispensable, se sont engagés courageusement dans cette voie, sans parvenir à briser cependant les résistances d'une routine incurable. Quoi qu'il en soit, ils ont donné l'éveil, imprimé l'élan irrésistible et peut-être assuré la victoire prochaine de l'esprit de réforme et de raison sur l'esprit de corps et de recul.

Aussi, loin de désespérer, convient-il, au contraire, de redoubler d'audace, de multiplier contre l'arche sainte les attaques et les assauts et de poursuivre résolument la lessive la plus complète du militarisme et de ses tares.

C'est dans ce but que nous avons résolu la publication de ces pages vécues avec le seul désir de contribuer pour notre faible part à hâter une solution désirable, conforme aux intérêts de la nation et qui lui sera plus profitable que l'héritage glorieux d'une mission ou d'une victoire stériles.

Il eut été désirable, peut-être, pour les rendre plus susceptibles d'éveiller l'intérêt du lecteur, de présenter sous la forme saisissante d'un roman les questions arides que je vais aborder. J'estime même qu'un maître en l'art de peindre et d'évoquer la guerre, tel le commandant Danrit, eût pu tirer de l'étude que nous allons entreprendre un édifiant parallèle à sa *Guerre de demain*. Mais nous avons eu de cette œuvre une vision moins grandiose et nous nous sommes efforcé seulement de la faire, autant que possible, véridique, pratique, instructive et documentée.

Ce que nous voulons avant tout, en effet, c'est montrer sous son véritable jour la plus néfaste et la plus ruineuse des guerres, celle que trente milliards n'ont pas rassasiée, qui décourage les cœurs et déprime les conciences, la guerre de caserne et de parade, d'antichambre et de cotillon : **la guerre en temps de paix.**

En France, où la presse et l'opinion épluchent avec une louable conviction tous les actes du gouvernement et de l'administration publique, il est curieux de constater avec quelle étrange facilité des gens exigeants d'habitude ferment obstinément les yeux sur les irrégularités qui se produisent dans l'armée et excusent, la main sur la conscience, les fautes lourdes, les abus et les scandales qu'ils dénonceraient et condamneraient ailleurs avec la dernière énergie.

Est-ce par excès de chauvinisme, peur instinctive de lever le voile sur une situation qu'ils préfèrent ignorer ou crainte, encore, de troubler et d'interrompre une trop laborieuse digestion ?.. Hélas ! ces gens n'ont pas même cette excuse.

Ils n'agissent ainsi que par ignorance, faux préjugés et penchant au joug. Ils plient sous la suggestion de l'uniforme, comme ils subissent le passage à tabac, platement, sans révolte, dans leur croyance et leur effroi imbécile d'une autorité nulle et usurpée.

Voilà quel état d'esprit dégradant se cache sous leur attitude moutonnière et sert d'appui et de tremplin au sans-gêne, à l'outrecuidance, à l'insolence et à ce mépris affecté qu'affichent, vis-à-vis du civil, les cravacheurs de haute lignée.

Certes ! ces derniers, d'ailleurs, auraient bien tort de se gêner, persuadés qu'ils doivent être d'une impunité certaine. Que peut-il, en effet, leur arriver de pire ?...

Si, par hasard, un scandale éclate révélant dans notre organisation militaire une lacune invraisemblable, un abus monstrueux ou quelque odieux privilège, l'affaire est classée, cela va s'en dire, par un étouffement de première classe et le public, d'enthousiasme, se charge de consacrer lui-même ce curieux procédé d'instruction en criant avec les coupables au mensonge et à l'infamie.

Il n'est pas étonnant, dans ces conditions, de voir se perpétuer dans l'armée d'invraisemblables habitudes, d'y voir la vertu houspillée, la justice immolée à la consigne, et le délit, quelquefois, élevé à hauteur d'une institution nationale. Que voulez-vous, le chauvinisme exige et l'honneur de l'armée ordonne de se mettre un boisseau sur les yeux et un triple tampon dans les oreilles.

Alors seulement, sous ce déguisement rigoureusement exigé dans trop de milieux rétrogrades, obtient-on l'amère satisfaction d'être agréé comme un patriote sincère et, comble d'ironie, comme un censeur éclairé dont les avis font prime en matière de polémique militaire et qui décide, sans appel, de toutes les questions à l'ordre du jour.

L'honneur de l'armée, cependant, ne saurait, dans son propre intérêt, être considéré plus longtemps comme une sorte de bloc intangible formé de molécules essentiellement vertueuses et cimentées, dans une fâcheuse confusion, par la haute idée de patrie. Cette conception, en effet, outre qu'elle serait un véritable défi au bon sens, constituerait encore une formule funeste qui servirait invariablement à excuser ou légitimer toutes les gaffes et toutes les défaillances.

C'est en voulant rendre l'honneur de l'armée dépendant et solidaire des fautes de quelques-uns que l'on a semé, dans notre vie nationale, tant de ferments de discorde, tant de haines et de perturbation. Il est vrai qu'on en avait usé et abusé, un peu comme une maman du croquemitaine, une nourrice sèche du biberon, un fumeur enragé du tabac des autres. On l'avait trituré, préparé et servi à tant de sauces différentes et complexes, qu'il s'était trouvé transformé tout à coup en une telle salade russe qu'il devenait impossible d'y distinguer les *carottes* des autres légumes.

C'était donc une prétention bien ambitieuse de la part de ceux qui le prônaient le plus de croire qu'ils imposeraient violemment à la conscience publique la reconnaissance de ce fameux privilège moral dont se réclamaient malheureusement trop de réputations douteuses.

L'honneur n'est pas plus le patrimoine de l'armée que celui de la magistrature, de l'édilité ou du fonctionnarisme. C'est une garantie obligatoire que l'on doit exiger individuellement de tous les membres d'une administration d'État, mais qu'on ne saurait leur attribuer de droit comme un avantage imprescriptible inhérent à leur condition sociale ou comme une vertu héréditaire inspiratrice de leur vocation.

Vouloir soutenir une thèse contraire, c'est verser sciemment dans le mensonge et ériger en principe ce paradoxe : qu'il suffit à l'humanité d'endosser une livrée de convention pour se soustraire radicalement aux impulsions irrésistibles de ses mauvais instincts et de ses passions.

Hélas ! pas plus que ceux du prêtre, les vœux du soldat ne le rendent infaillible et, pas plus que l'habit ne fait le moine, le seul port de l'uniforme ne saurait constituer pour personne un brevet d'honorabilité.

J'estime donc qu'ils sont plus clairvoyants et sages, plus pénétrés surtout des réels intérêts de l'armée, ceux qui lacèrent quelques uniformes suspects que ceux qui se laissent trop facilement éblouir par le clinquant de leurs ors et de leurs chamarrures.

L'honneur militaire a fait son temps, c'est une idole qui tombe en ruines, une défroque démodée et un truc éventé qu'il convient, comme tant de légendes, de remiser au musée des antiques, dans la riche collection des vieux clous. On ne saurait l'opposer plus longtemps comme un *non possumus* universel qui sert d'excuse et dispense d'explications.

La France s'est imposée d'assez lourds sacrifices, a sué assez de sang et d'argent, pour se méfier du mirage des grands mots et de la résonnance des vaines formules. Il est nécessaire que son contrôle, maintenant, s'exerce sur son armée d'une façon efficace, déconcerte le puffisme du panache et lui tienne compte rigoureusement de ses devoirs et de ses responsabilités.

N'allez pas croire, cependant, que je me fasse illusion sur la prompte application de ces heureuses réformes. Je suis convaincu, bien au contraire, que le militarisme nous réserve encore de belles surprises et d'édifiants esclandres.

La République que nous subissons, fille adoptive de la pire des oligarchies bourgeoises, a trop favorisé jusqu'à ce jour toutes les inconsciences du sabre, multiplié et légitimé ses privilèges, pour que l'on puisse espérer d'elle autre chose que quelques exécutions de surface qui ne changent rien aux lois fondamentales, ne font qu'augmenter le désordre ambiant et tirer du gâchis sa quintessence.

Le peuple a tort de se figurer, lorsque tombe sous la faux d'un réformateur de circonstance quelques plumes blanches plus ou moins fripées, qu'un pas vient d'être franchi vers le progrès et une voie ouverte aux réformes. En réalité, il ne s'aperçoit pas que, sur le champ moissonné la veille et qu'il croyait à jamais assaini, surgit une nouvelle moisson de plumes que gonfle le suc de l'ambition, de l'orgueil et de l'égoïsme.

Qu'avons-nous gagné véritablement à notre évolution militaire organique depuis les désastres de l'année terrible ? Un peu plus d'injustices et de passe-droit !...

La République, si fertile en promesses, a trahi sa cause dès les premiers pas. Elle a fait battage à grand orchestre des Droits de l'homme et du citoyen, mais elle s'est empressée en sous-main, après entente dans la coulisse avec les élus du suffrage universel, de rétablir les droits du seigneur. Elle a étouffé l'égalité en imposant cinq ans, puis trois ans seulement de caserne aux enfants de cette démocratie dont elle se réclame sans cesse, tandis qu'elle comblait de dispenses et d'exemptions les favorisés du sang et de la fortune.

Voilà ce que la République a fait pour l'armée et voilà pourquoi l'armée se moque d'elle.

Lequel triomphera, maintenant, sur le terrain législatif, du service de deux ans ou de celui d'un an ?.... De quelles nouvelles concessions et de quels nouveaux sacrifices, le peuple devra-t-il payer ce progrès ?...

Faut-il croire que cette réforme d'un si haut intérêt national aboutisse à la satisfaction de tous ou craindre, par expérience du passé, que les besoins électoraux du moment ne l'emportent encore sur le souci réel d'une transformation mûrement étudiée?...

Le champ est ouvert à toutes ces hypothèses, mais il serait superflu de prévoir dès maintenant une solution subordonnée aux fluctuations de la politique et aux revirements déconcertants qui caractérisent souvent l'extrême nervosité de notre régime parlementaire.

Qu'il nous soit permis d'espérer, toutefois, que la République ne commettra pas la folie de pétrir de ses propres mains l'armée de l'insurrection et des coups d'Etat en instituant le service d'un an et en créant, — digne conception du cerveau d'un César, — pour parer aux prétendues insuffisances de ce système, un corps de deux cent mille mercenaires.

Avec des chefs aux alliances louches, complaisants avec les aventuriers et obéis au doigt et à l'œil par des bandes dont ils flatteraient les instincs de pillage et de débauche, les pires catastrophes nous seraient réservées. Un danger permanent de guerre civile menacerait la stabilité de nos institutions et l'étranger pourrait, sans courir de grands risques, nous faire l'aumône de nouvelles débâcles.

Mais ce danger, facile à conjurer par la suppression pure et simple de ses causes, ne doit pas nous faire perdre de vue la réforme utile et promptement réalisable de la réduction du service militaire.

Nulle raison valable, d'ailleurs, ne peut plus être opposée à cette mesure qui ne sera que l'officielle consécration d'un état de choses réalisé depuis longtemps dans la pratique et fort en honneur dans l'armée, comme on pourra s'en rendre compte par les quelques exemples qui vont suivre :

Malgré les feuilles de présence qui accusent cinq cent et quelques mille hommes sous les armes, il est impossible, en effet, de rencontrer, sur les terrains d'exercice ou en manœuvre, des unités dites *de combat* qui ne soient réduites à leur plus simple, à leur plus minuscule expression.

La compagnie, en mobilisant le ban et l'arrière-ban de ses hommes *disponibles*, — retenez l'épithète, elle est précieuse; — parvient à réunir cinquante fusils, l'escadron à effectif renforcé aligne tant bien que mal ses cinquante ou soixante sabres et la batterie arrive rarement, toujours faute d'hommes *disponibles*, à pouvoir atteler toutes ses pièces.

Si bien que, la lanterne à la main, à l'instar de Soubise leur précurseur, nos généraux cherchent leurs régiments et se demandent, ahuris, quel phénomène extraordinaire a bien pu les faire fondre ainsi.

Moins que personne, bien certainement, ils n'ignorent les causes de cette pénurie d'hommes. Ils savent parfaitement bien discerner, de l'effectif réel qui figure sur leurs paperasses, l'effectif archi-restreint qu'on leur sert et ressert en toutes circonstances et qui passe et repasse devant leurs yeux comme une troupe de figurants dans une pièce à grand spectacle.

Ils ne sont nullement dupes d'une multiplication effrontée qui, pour eux comme pour tout le monde, est le secret de Polichinelle. Ils pourraient même intervenir, certes! et faire cesser cette scandaleuse comédie; mais, n'est-ce pas, l'honneur de l'armée, les nécessités du service, de l'apéritif, de la manille, du pousse-café et du cotillon chez une authentique princesse du Faubourg, ne leur laissent pas une minute pour s'occuper de ces détails.

Nous serons donc réduit à les traiter et les étudier nous-même, avec les seules ressources de notre faible compétence, puisque nous jugeons utile de donner à cette importante question des effectifs les développements nécessaires qu'elle comporte.

Les critiques que nous allons formuler auront la cavalerie pour principal objet, mais la situation étant à peu près identique dans toutes les armes, il convient de les considérer comme des critiques d'ordre général.

Chacun sait que l'effectif réglementaire d'un escadron est d'environ 150 hommes. Cet effectif, sauf après le renvoi de la classe, est toujours

atteint et la plupart du temps dépassé (155 et jusqu'à 160 hommes.) Ces chiffres, par eux-mêmes,
sont très rassurants et il semble à première vue
qu'un escadron, si solidement constitué, ne laisse
rien à désirer et puisse entrer en campagne
dans des conditions très satisfaisantes. Il n'en est
malheureusement rien.

Si le rapport journalier accuse 150 ou 160
hommes à l'effectif, ce qu'il ne dit pas c'est que sur
ce nombre 60 à peine assistent aux exercices, pro-
fitent des enseignements donnés, font les corvées,
montent les gardes, apprennent, en un mot, leur
métier de soldat. Le surplus se partage les sinécures et les emplois de toutes sortes, forme la catégorie dévoyée de la valetaille et des embusqués
et, sauf pour les prises d'armes extraordinaires
où il est besoin de **bouche-trous,** n'assiste pas
aux exercices et échappe à toute surveillance.

— « Ce n'est pas vrai ! » vont s'écrier nos
braves patriotes, « les ordonnances et employés
« suivent régulièrement les exercices ou prennent
« part à des manœuvres particulières. »

En effet, c'est exact !...... Vous allez voir de
quelle façon ces malheureux *turbinent*. De temps
en temps, une circulaire partie du haut de l'é-
chelle, après avoir subi l'apostille de bien des

mains, arrive au corps règlementant la situation des ordonnances et employés et les astreignant à *certains* exercices et *certaines* théories. Que se passe-t-il alors ?... Cet ordre est immédiatement et rigoureusement mis à exécution.

Pendant huit jours, quinze jours même, mais... jamais plus, tous les innombrables gratte-papier et les plus innombrables encore cordonniers, selliers, tailleurs, ordonnances, gardes - magasin, gardes-manège, gardes-fumier, infirmiers, cochers, palefreniers, garçons des mess, garçons de cantine, bibliothécaires, prévôts, fourgonniers, menuisiers, maçons, peintres, maréchaux, jardiniers, cuisiniers, armuriers, blanchisseurs, — j'en passe et des meilleurs, — tout est ramassé, tout est rassemblé, tout est mobilisé, tout prend les armes.......

Puis, peu à peu, un relâchement se produit. C'est d'abord l'ordonnance du colonel qui est dispensé de la manœuvre *à l'œil*, c'est-à-dire, ce qui est très compliqué, est censé y assister, mais...n'y assiste pas. Ensuite l'ordonnance du commandant, ceux du capitaine, du lieutenant, du sous-lieutenant, de l'adjudant, du chef, des sous-officiers !... Enfin, un beau matin, un maître-bottier quelconque s'avise de retenir un employé pour ache-

ver un ressemelage dont Mme la colonelle a besoin.
Bien entendu, personne n'ose rien dire et l'employé
en question, comme ses collègues ordonnances,
est censé assister à l'exercice, mais... reste à l'a-
telier.

Dès lors, le branle est donné et la débandade générale s'opère avec ensemble. Les maîtres armurier, tailleur, sellier, bottier, retiennent
progressivement et sous les plus fallacieux pré-
textes leurs employés et sous-employés ; les embusqués et gratte-papier emboîtent bientôt le pas,
couvrant honorablement la retraite et finalement,
faute de combattants et de participants, les exercices et théories ordonnés sont supprimés purement et simplement , mais, pour sauver les apparences, tiennent l'affiche plus que jamais.

Comme la consigne est de ronfler, tout le monde s'incline et le tour est joué. Les officiers supérieurs, qui se mêlent le moins possible de ce qui
les regarde, ignorent ou n'interviennent pas.
Quant au capitaine responsable, s'il se trouve, par
hasard, inquiété, vite il présente son tableau de
travail sur lequel figurent les exercices et, devant ce témoignage irrécusable, ses chefs lui
accordent l'absolution et.... la chose est jugée !...

Ainsi donc, il ressort des explications que je

viens de fournir, que 50 % de l'effectif ne fait aucun service militaire. Ne croyez pas, cependant, que les excès d'un tel abus se limitent à ce fort respectable chiffre. Les officiers, en effet, ont encore toute liberté de distraire de leur travail les hommes qui sont considérés comme « *faisant leur service* » et ils usent largement de cette tolérance.

Un soldat est-il jardinier ?... Immédiatement un officier s'en empare pour tracer les parterres de sa villa et entretenir ses carrés de légumes. Un autre est-il cuisinier ?... Il devient le Vatel attitré des « five o'clok » et des pique-nique de ses chefs. Il est des régiments où l'on dresse des équipes spéciales avec, pour enseigne, le « sport militaire » (*) et, pour attributions particulières, les jeux de la raquette et, peut-être, par extension, les courses en sac et le pot cassé. Enfin j'ai vu un détachement de sapeurs travailler uniquement pendant des semaines entières à l'installation d'un « law-tenis » à l'usage de MM. les officiers et leur famille.

Si ces messieurs prisent ce sport et tiennent à y initier leurs dames, rien de mieux, (il paraît que

---

(*) « Souhaitons voir bientôt une rencontre de cette active société « avec une équipe du Sport militaire du 16e chasseurs à cheval, « nouveaux adeptes du *rugby*, qu'il serait intéressant de voir dans « un match. »　　　　　*Extrait d'un journal de sport.*

c'est très hygiénique et que ça refait les muscles).
Mais, ce que je ne puis admettre, par exemple,
c'est qu'ils emploient, pour établir leur champ
d'exercices, des hommes dont ils n'ont, à mon
avis, qu'un droit limité de disposer.

Malheureusement, dans l'armée, il en est ainsi
décidé, que tout individu qui porte un galon peut
se servir des soldats sous ses ordres avec une
extrême désinvolture.

J'ai connu un adjudant maître-d'armes qui,
non content d'employer ses prévôts à la culture
de son jardin, avait poussé le puffisme jusqu'à
désigner l'un d'eux, d'office, pour porter sa pitance quotidienne à un compagnon de Saint-An-
toine, — encore le sabre et le goupillon, — qu'il
empiffrait avec les eaux grasses et les épluchures
de l'ordinaire. Le militaire chargé de cette besogne, malgré les consignes sévères qui réglaient
la tenue, sortait du quartier en bras de chemise et
en galoches, traînant dans une brouette à fumier
le repas de son pensionnaire.

J'ai toujours pensé, à la vue de ce spectacle,
que l'adjudant aurait pu se dispenser, sans nuire
en rien à la défense nationale, d'imposer une
corvée, qui lui revenait de droit, à des jeunes
gens que la loi avait appelés sous les drapeaux

pour servir leur patrie et non pour se consacrer
à l'élevage des habillés de soie.

La plupart du temps, les maîtres-ouvriers,
comme cet adjudant maître-d'armes et tant d'autres, possèdent également un jardin avec, cela
s'entend, main d'œuvre militaire et gratuite pour
sa culture et son entretien.

Bien entendu, ces mêmes maîtres-ouvriers qui
se servent du personnel de leurs ateliers pour
planter leurs choux et faire leur ménage, pous-
sent les hauts cris lorsque, par miracle, pour une
prise d'armes exceptionnelle, il arrive aux capitaines dont ils dépendent de disposer de leurs
employés.

Parlerai-je, maintenant, des ordonnances dont
il est fait une consommation exceptionnelle, qui
se multiplient et se subdivisent en une infinie
variété d'emplois et dont j'aurai, bien certainement encore, beaucoup à dire par la suite?... Un
capitaine en second de notre connaissance à qui le
règlement accordait un unique brosseur avait à
son service : un homme pour faire sa cuisine, un
autre pour l'entretien de ses appartements, un
troisième pour faire ses courses, un quatrième,
enfin ! pour le pansage de ses *cinq* chevaux.

Dans le régiment où servait ce capitaine, chaque

officier, malgré une interdiction rigoureuse, mais tout à fait... facultative, avait à son service un ordonnance en second et souvent un ordonnance en troisième.

Certain jour, un général en chef, suprême arbitre maintenant de nos destinées militaires, visitant une chambrée, lors d'une tournée d'inspection, interrogea un homme au hasard :

— Qu'êtes-vous, mon ami ?

— Ordonnance en second du lieutenant !

Le général, qui avait expressément défendu cette création abusive de sous-ordonnances, aurait dû s'étonner de cette naïve réponse et demander des explications. Il crut, cependant, n'en devoir rien faire et se contenta d'adresser au lieutenant incidemment mis en cause un très correct et ironique sourire. Aussi, cet acte courtois et chevaleresque, oh ! combien, provoqua-t-il, par la suite, une formidable surenchère de larbins de toute catégorie.

On ne saurait trop protester, en présence de tant d'abus, contre la facilité et le sans-gêne avec lesquels officiers et sous-officiers disposent ainsi des hommes et insister avec trop d'énergie sur les déplorables conséquences de ces pratiques anti-réglementaires. Dans la cavalerie, particulièrement affectée par ce désastreux état de choses, si les pelotons, pour les manœuvres sur le terrain, mettent encore à cheval une vingtaine d'hommes sur les quarante et plus qu'ils comptent à leur effectif, pour les autres exercices, classes à pied, théories, voltige, etc..., et pour le pansage, c'est à grand'peine que les gradés arrivent à grouper autour d'eux une dizaine d'hommes. C'est là tout ce qui reste, hélas ! après que les officiers, les bureaux, les ateliers et les innombrables services divers se sont surabondamment approvisionnés.

Peut-être, certains vont-ils contester en partie ces affirmations et prétendre, en s'appuyant sur les règlements en apparence rigoureux, en pratique fort élastiques, qu'aucun militaire n'est pourvu d'emploi avant six mois au moins de présence au corps ?... Remarquez que ce délai imparti n'est presque jamais observé ; mais, quand bien même il en serait ainsi, nous n'en arriverions pas moins à de douloureuses constatations.

L'homme, en effet, qui ne fait plus son service, oublie facilement en un mois ce qu'il a péniblement appris en six. Et comme, par la suite, il ne prend qu'une part des plus secondaires à la pratique des différentes manœuvres, il en résulte que cet homme, déclaré mobilisable et qui n'a du soldat que les oripeaux, serait inutilisable et même dangereux en campagne, ignorant qu'il est de ses devoirs et de ses attributions.

Il ne faut pas croire que la cavalerie soit seule à souffrir de cette situation. Interrogez un capitaine d'infanterie consciencieux sur le nombre d'hommes dont il peut disposer réellement. Il vous répondra infailliblement que la bonne moitié de sa compagnie lui glisse totalement sous la main, absorbée par les exigences des ateliers, des bureaux et des divers emplois.

Remarquez que je n'exagère en rien dans ces critiques et que je reste, au contraire, bien au-dessous de la réalité. Que dirait-on, en effet, si je citais tel régiment où certain escadron, après le départ de la classe, se trouvait représenté à l'appel quotidien par 3 hommes et 5 brigadiers, sur un effectif total de plus de 120 présents, et si j'ajoutais que cette équipe, qui ne constituait même pas la valeur d'une escouade, avait à panser et surveiller 160 chevaux environ.

Veut-on me permettre, maintenant, de mettre, en regard de ces chiffres, ce qu'absorbe un service ridiculement inutile et dispendieux, supprimé jadis, après des abus constatés, et qui fut rétabli néanmoins par le ministre et général

Billot. Je veux parler des voitures, breacks et omnibus de famille mis à la disposition des officiers et attelés, conduits et entretenus avec les ressources des corps de troupe. A raison de quatre cochers, pardon! postillons, de deux palefreniers et de quinze chevaux, au minimum, affectés dans chaque régiment à ce service exceptionnel, on arrive, pour la cavalerie seulement, soit pour 89 régiments, au chiffre fabuleux de 1335 chevaux et pas loin de 600 hommes, employés uniquement à rouler dans des huit ressorts la fleur des pois de notre aristocratie militaire, ses bagages et ses invités.

Voilà un exemple, entre cent, du coulage à outrance qui s'opère dans l'armée. Il démontre comment les chiffres des effectifs réels fournis par les rapports officiels sont loin de concorder avec ceux des effectifs lamentablement restreints qui sont seuls véritablement instruits et entrainés.

Croyez-vous que les grands chefs militaires ont à cœur de réagir contre cette périlleuse comédie?... Allons donc !... J'ai assisté personnellement à de nombreuses revues et inspections. Eh bien ! jamais, je puis le dire, je n'ai vu un seul général s'inquiéter de savoir si les besoins d'un corps de troupe légitimaient ses légions d'employés, voire même y faire allusion. L'habitude est prise, le pli est donné, et cet abus, si préjudiciable aux intérêts de l'instruction et de la discipline, ne soulève aucune critique, ne provoque aucune protestation.

Si une enquête était ordonnée et qu'elle fût honnêtement conduite, il en résulterait pourtant de stupéfiantes révélations.

On constaterait, par exemple, que, **dans les ateliers régimentaires, les trois quarts du personnel au moins sont uniquement employés à des travaux tout à fait étrangers aux commandes des corps de troupe.**

Je vais donc, pour mon compte, passer en revue ces différents ateliers, étudier leur fonctionnement et voir un peu quels abus s'y commettent.

C'est d'abord l'atelier auquel le grade de son titulaire semble donner le plus d'importance : l'atelier du chef ou maître-armurier.

Le maître-armurier occupe un grade intermédiaire entre le chef et l'adjudant. Secondé dans ses fonctions par un brigadier presque toujours rengagé, il est chargé, en outre, de l'armement, des réparations à faire au casernement et de l'entretien du matériel et des voitures. Pour ce faire, il a sous ses ordres une nombreuse équipe d'ouvriers, qu'il augmente souvent, par faveur de son copain l'adjudant de semaine, de l'appoint des détenus du corps.

Il semble, à première vue, que cet emploi soit loin d'être une sinécure et qu'un travail opiniâtre vienne seul à bout de toutes ses exigences.

Rassurez-vous, il n'en est rien !... Le maître-armurier a sous sa direction un assez nombreux personnel pour pouvoir répondre aux besoins d'« **une clientèle à lui** ». Il s'occupe des réparations à faire aux articles de chasse, aux tilburys, dogs-cars et autres voitures de MM. les officiers. Il fait le nickelage et redore les blasons, confectionne d'élégants candélabres avec des baïonnettes artistement assemblées, fabrique des tables, des bancs, des placards pour qui veut bien l'en charger et, pour ses amis et connaissances, construit des bicyclettes, qui roulent, ma foi ! fort bien.

Comme il n'a ni patente, ni location, ni main-d'œuvre à payer, vous voyez qu'il réalise de jolis bénéfices et que, pour satisfaire, je le répète, « **une clientèle à lui,** » il conserve dans ses ateliers beaucoup plus d'ouvriers que n'en réclament réellement les besoins du corps.

Plus favorisée encore est la situation du maître-sellier. Véritable commerçant, en relations de vente constante avec le corps (vente de bridons, licols, longes, effets de voltige, mannequins, chambrières, etc...), il accroît encore les revenus de sa charge par la fabrication de tout ce qui concerne le harnachement (harnais de voiture, selles anglaises, brides, sangles, couvertures, sacoches, porte-cartes, etc....)

On trouve cet état de choses tellement naturel qu'il ne vient à personne l'idée de réclamer lorsque les réparations urgentes du corps sont reléguées aux calendes, pendant les périodes où la fabrication illicite de l'atelier bat son plein. Bien entendu, ce sont toujours les ouvriers fournis par le corps qui travaillent à la fortune de ce sous-officier commerçant.

Quand j'aurai dit que les choses se passent de même dans les ateliers des brigadiers tailleur et bottier, que celui-ci fait plus de bottines vernies et de souliers Molière que de remontages aux grosses bottes à clous, celui-là plus de jaquettes pour dames et d'uniformes de fantaisie que de réparations aux effets d'ordonnance, je crois que j'aurai suffisamment démontré quelle scandaleuse tolérance favorise ces officines.

Les chefs ouvriers sont de petits-maîtres dont
les exigences font loi et qui ne reconnaissent
souvent d'autre autorité que la leur. Ils se mo-
quent avec un égal mépris des règlements et de
la hiérarchie, ne laissent échapper aucune occasion de les bafouer publiquement et se targuent
effrontément de l'impunité dont ils jouissent. Voyez plutôt avec quelle indépendance et quel sans-
gêne ils agissent pour recruter directement, par
la voie de la presse, le personnel dont ils ont
besoin pour les travaux que l'on sait :

Le **maître-tailleur** du 2ᵉ régiment d'artillerie
de marine, à Cherbourg, demande de suite
des engagés volontaires, pour 3 ans, **tailleurs**
de profession. Ils rentreront immédiatement à
l'atelier, avantages sérieux. Écrire à lui-même.

Pour s'engager donc, maintenant, s'il faut en
croire ce maître-tailleur, plus n'est besoin de
multiples démarches, ni du consentement du chef
de corps. C'est lui qui enrôle directement, assure
l'entrée immédiate à l'atelier et, entre autres avantages sérieux, garantit sans doute sur facture

l'exemption totale des exercices, des revues et des corvées.

Un autre s'exprime ainsi :

Le **maître-tailleur** du 4ᵉ de marine, Toulon, prévient tailleurs qui désirent s'engager pour 3, 4 ou 5 ans, qu'ils n'ont qu'à lui écrire. Il concourront au grade de **caporal tailleur** dont il en faut (*sic*) trois en permanence à l'atelier.

Vous avez bien lu, n'est-ce pas, « **dont il en faut trois en permanence.** » Eh ! bien ! trois caporaux tailleurs pour un seul régiment, fût-il de marine, me semble un chiffre bien exagéré et qui comporte évidemment pas mal de tailleurs de 1ᵉ classe, de 2ᵉ classe et d'apprentis. Enfin, pour terminer la série, voici comment un maître-bottier sonne le ralliement des cordonniers patriotes :

Le **39**ᵐᵉ **Régiment d'Artillerie** à Toul, demande engagés volontaires, pour 3 ans au 1ᵉʳ mars, profession **cordonnier** (taille 1ᵐ 60.) S'adresser, Maître-bottier du Régiment.

Je pourrais citer encore beaucoup d'annonces de ce genre que j'ai là sous la main. Qu'il me suffise de dire qu'elles abondent dans les journaux sans que l'autorité militaire s'en formalise autrement. Cette audace des maîtres - ouvriers s'explique d'ailleurs fort bien. Comme beaucoup de ceux qui sont chargés du contrôle de leurs ateliers sont leurs débiteurs, il s'en suit à leur égard une sorte de détente de la rigueur des lois et une certaine conciliation qui ne servent que bien rarement les intérêts des corps de troupe.

C'est pour cela que les maîtres-ouvriers, tous rengagés ou commissionnés, non seulement jouissent des avantages et des prérogatives attribués à leur grade et à leur ancienneté, mais encore forment, comme on l'a vu précédemment, une coterie nettement caractérisée qui réalise **des bénéfices relativement prodigieux et, en tous cas, absolument irréguliers.**

Il est inadmissible, en effet, que ces militaires, qui sont attachés au corps au même titre que n'importe quel sous-officier ou brigadier jouissent de concessions excessives et de faveurs toutes spéciales. Il conviendrait mieux de leur définir et de leur limiter nettement leur rôle que de leur permettre des incursions dans le domaine de certains trafics qui les font vivre aux crochets de l'armée, tels des mercantis sur des troupes en campagne.

Ces individus, on ne saurait trop le répéter, n'ont pas le droit de réaliser tel ou tel bénéfice sur une main d'œuvre à peu près gratuite, à plus forte raison de l'employer **au service d'une clientèle civile**. Ils sont et doivent rester des gradés chargés de la direction, voire de l'administration de tel ou tel atelier, et n'ont droit à aucun avantage, aucune prérogative sur des camarades qui, dans un autre ordre d'idées, rendent, à côté des leurs, d'inappréciables services.

Maintenant que nous nous sommes rendus compte des véritables occupations de la multitude d'employés embusqués dans les ateliers, je vais revenir un peu sur l'existence des ordonnances et examiner leur condition. Ordonnances et employés sont, en effet, deux abus qui se complètent, ou, mieux encore, qui rivalisent entre eux.

On sait que les règlements accordent aux officiers le droit de disposer, pour leur service, l'officier subalterne : d'un homme, l'officier supérieur : de deux. Nous avons vu également qu'à ces chiffres jugés insuffisants par les intéressés, en

étaient substitués, dans la pratique, d'autres plus
en rapport avec les exigences de la vie mondaine
et extra-mondaine.

S'il est un poste dégradant pour un militaire,
c'est bien cependant l'emploi d'ordonnance, surtout tel qu'il est compris de nos jours.

Il vous est arrivé de croiser dans la rue des
individus débraillés, vêtus de vêtements civils
plus ou moins crasseux et coiffés d'une casquette...
spéciale, le tampon (?...) Ces individus sont des
militaires en activité de service, qui sont sous
les drapeaux au même titre que leurs camarades
mais auxquels une faveur ministérielle, faveur
des moins justifiées, d'ailleurs, tolère de troquer
l'uniforme pour le vêtement civil et, le plus souvent, pour une livrée de larbin plus ou moins
somptueusement armoriée.

Ces militaires, qui le sont si peu, ce sont les
ordonnances. Leurs fonctions ?.... — Ma foi ! il
serait assez difficile de les déterminer exactement.
Ils sont, suivant leurs capacités, suivant les circonstances et suivant le caprice des maîtres et
des maîtresses auxquels ils sont attachés : bros-
seurs, valets de chambre, maîtres d'hôtel, grooms,
cochers, palefreniers, cuisiniers, rince-cuvettes,
ou bonnes d'enfant.

La plupart logent en ville et mènent une existence de « rossards » à peu près indépendante. Échappant à toute surveillance et faisant intervenir l'autorité de l'officier qu'ils servent, dès qu'ils sont punis ou menacés de l'être, les ordonnances sont une véritable plaie pour un régiment. Il est de toute nécessité de règlementer sévèrement leur condition et de les faire rentrer sous la loi commune.

Par les abus et les procédés que je viens d'énumérer, mes lecteurs peuvent se rendre compte des qualités d'endurance et d'instruction que doivent posséder les hommes livrés aux ateliers et aux sales besognes de la plus étroite domesticité.

Je ne suis pas assez naïf cependant pour croire que mes critiques apporteront le moindre changement à cette désolante situation. Je sais que beaucoup ont protesté avant moi et que beaucoup protesteront encore après, sans que nos fonctionnaires militaires, généraux et autres, daignent seulement retarder leur déjeuner d'une demi-minute pour examiner le bien fondé de ces plaintes. Si donc j'écris là-dessus, c'est qu'il est des choses qui soulèvent l'indignation du plus tolérant des patriotismes.

Certes ! souvent, au Sénat, à la Chambre et,

quelquefois, au sein de l'armée même, tous ces errements et ces scandales fournissent matières à de belles harangues où, suivant une gamme traditionnelle, clament, tonnent, puis éclatent, tout à coup, dans une péroraison ampoulée, les accents d'une sincère révolte et d'une ardente protestation.

Mais tout se borne là et les meilleures volontés se gardent jalousement de passer les limites d'un platonisme égoïste et de poursuivre énergiquement les nécessaires sanctions. Les beaux parleurs trouvent encore le courage de dénoncer le mal et de le moraliser à distance, mais ils se dérobent à toute autre besogne et, ennemis nés de la persévérance et de la ténacité, se refusent à jouer résolument du scalpel et du fer rouge.

Si bien que, fixés par expérience sur l'impuissance prudente et voulue de leurs plus terribles adversaires, les gens qui vivent des abus et des privilèges et ceux qui, chargés de les réprimer, les tolèrent, étalent cyniquement leur sans-gêne et leur désintéressement de tout.

Et c'est ainsi, grâce à l'impunité dont il jouit, que le « *je m'enfoutisme*, » cette vertu bien militaire, devient de plus en plus la devise et le critérium de l'armée.

II

Recrutement et avancement. — L'officier de carrière
et l'officier amateur. — Active et réserve — Officiers
pour rire. — Sous-officiers. — Leur rôle. — Comment est comprise l'instruction du soldat. — Théories et exercices de tir. — Dualisme et hiérarchie. —
Rengagement des sous-officiers. — Quelques mots
sur les punitions. — Autant de règlements que de
régiments. — L'indépendance des chefs de corps. —

Le marasme où s'étiolent les dernières vigueurs
de notre armée n'a pas pour unique origine les
abus dont j'ai parlé déjà et ceux que je dénonce-
rai encore : il faut aussi en rechercher les causes
dans le mode et l'esprit de recrutement de nos
cadres d'officiers.

De tous temps, en effet, la valeur personnelle et le travail ont cédé le pas à la préséance
de la fortune, de la naissance et du favoritisme
éhonté, dans le choix, la nomination et l'avancement de nos officiers.

Quels que soient les services que vous ayez

rendus, les qualités dont vous ayez fait preuve,
les campagnes et les blessures glorieuses que
vous ayez à votre actif, n'espérez pas à l'avancement et aux honneurs !... Les grades ne sont
accessibles qu'aux gens qui ont particule devant
leur nom, protection dans leur poche, ou à ceux
dont les familles millionnaires ont acquis, souvent dans l'agiotage, l'accaparement et la ban-
queroute, le droit d'être considérées et de s'imposer partout.

Combien d'officiers d'avenir, mais pauvres,
sont frustrés de leurs droits par des « fils de famille » qui peuvent recevoir et mener grand
train de vie ! Combien de vieux braves n'ont
jamais pu obtenir les étoiles qu'ils méritaient et
dont ils étaient dignes, succombant sous la haine
et le jésuitisme d'une coterie puissante.

On ne demande pas à un officier de venir régulièrement au quartier, de s'inquiéter de l'instruction de ses hommes ou de la prendre en
main, de faire son métier de soldat et de chef.
Non... Il suffit qu'il soit homme du monde et
qu'il se présente dans un salon le monocle vissé
dans l'œil et sa taille d'odalisque emprisonnée
dans un dolman de coupe irréprochable.

C'est au point que, dans l'armée, à tous les

échelons de la hiérarchie, on ne trouve que deux catégories d'individus nettement caractérisées : ceux qui travaillent et ceux qui regardent faire, **l'officier de carrière** et **l'officier amateur**.

Ce sont ces deux types que nous allons étudier.

L'officier de carrière, quoique aigri de bonne heure par les froissements d'amour-propre et les injustices qu'il supporte, est, en général, dévoué, d'esprit pratique et débrouillard, intelligent, probe, actif, énergique. C'est sur lui que l'on compte pour faire marcher les unités d'un régiment, à lui que l'on confie de préférence : au quartier, l'instruction ; aux manœuvres, les missions délicates et difficiles. Il connaît à fond le soldat, l'ayant été souvent lui-même. Il possède mieux qu'aucun autre l'art de se faire obéir et aimer.

L'officier amateur, lui, est poseur, intrigant, autoritaire, affecté dans ses manières et sa conversation, grand enfonceur de portes ouvertes. C'est lui qui encombre les antichambres des ministères, où, fort de hautes protections, il quémande les faveurs et l'avancement,... lui dont le nom retentit dans les échos des gazettes mondaines,... lui qui fait les délices de l'hippique, des chasses à courre et des hippodromes,... lui qui a chevaux de sang et maîtresses cotées,... lui, enfin, que l'on proclame spirituel (tant est grand le prestige de l'uniforme) quand il raconte dans un salon quelque histoire insignifiante qu'il tient de son ordonnance.

Actuellement, et dans la cavalerie en particulier, la grande majorité des officiers appartient à cette dernière catégorie et ne doit ses flots de galons et ses postes de confiance qu'aux influences de la faveur, de la fortune et du nom.

Tout le monde connaît cette situation, mais personne ne veut ou n'ose aller contre. Et la République s'excuse de ne pas démocratiser l'armée en prétextant la peur d'un démembrement ou d'un affaiblissement de ses cadres.

En attendant, des individus d'une incapacité notoire, grâce à cet état de choses honteux, arrivent à occuper les plus hautes situations militaires, pendant qu'une foule d'officiers de valeur dont le courage et les talents ont été mis à l'épreuve aux colonies, sous le feu de l'ennemi, dégoûtés des injustices et des haines dont ils sont victimes, se voient contraints de démissionner.

C'est ainsi qu'est favorisé l'avancement de Saint-Cyriens imberbes, qui peuvent être gens fort érudits, mais parmi lesquels on compte trop

souvent nombre de godelureaux, frais émoulus
de la veille et n'ayant connaissance de la guerre
que par les panoramas en carton de Detaille et
de Poilpot?

Grâce à l'action prépondérante d'une oligar-
chie surannée qui détient tous les grades supérieurs, l'accès des hautes fonctions de l'armée ne
reste cependant ouvert qu'à ces seuls Saint-
Cyriens et consorts. Il me semble, malgré tout,
qu'en dehors de ce levain de l'aristocratie et des
classes dirigeantes, il y a certainement des capacités et des aptitudes qui mériteraient d'être
encouragées et qui sont, en tous cas, des garanties
aussi précieuses pour la sécurité nationale que
le nom, la fortune ou l'héritage de réputation
d'un père ou d'un oncle célèbres.

Ne serait-il pas préférable de tabler un peu
moins sur ces considérations secondaires qui
s'appellent la bonne éducation, le savoir-vivre, le
maintien, surtout la situation de fortune, etc...,
et d'encourager un peu plus l'ardeur, le dévouement, la bonne volonté, les aspirations et jusqu'aux ambitions mêmes de ceux qui, étant vraiment soldats, répugnent à être courtisans.

Le drapeau qui a pour devise : « Honneur et
Patrie ! » personne n'a de droit acquis d'avance

pour le porter et le défendre. Il est à nous tous, enfants de la même patrie. Il nous couvre sans distinction de ses plis glorieux, et, si nous devons verser notre sang pour lui, nous pouvons aussi prétendre à tenir haut et ferme sa hampe, si nous nous sentons capables de le couvrir d'honneur et de gloire.

Dans l'armée un coupable esprit de bienséance hypocrite fait, hélas ! faire, bon marché de cette égalité sous l'égide de laquelle nous sommes censés vivre : on ne veut pas y admettre que les fils de l'ouvrier et du paysan puissent aspirer à défendre et porter le drapeau au même titre que les fils d'archevêques ou les produits bâtards d'une aristocratie louche et efféminée...

Combien de gens, exempts de l'aveuglement qui pousse exclusivement vers les grandes écoles, voudraient voir, comme nous, favoriser les aptitudes des sous-officiers de carrière, encourager leurs prétentions à briguer l'épaulette et faciliter même leur accès au grade d'officier sans le passage forcé par Saumur, Saint-Maixent ou Versailles. N'allez-pas vous aviser, par hasard, de parler de ça aux gens qui prétendent posséder le monopole du bon sens et du raisonnement : ils vous éclateraient de rire au nez, et, après avoir discouru à perte de vue sur les sciences mathématiques et la stratégie, vous avoir dit qu'avec les progrès de l'armement et l'augmentation des effectifs on ne peut être général qu'à la condition d'être avant tout ingénieur, chimiste, pyrotechnicien, aéronaute, mécanicien, grand mathématicien, etc..., ils en arriveraient à vous démontrer indubitablement que, pour faire un excellent soldat, pour savoir commander des troupes, leur inspirer confiance et les entraîner à la victoire, il est indispensable d'avoir laissé des centaines de fonds de culottes aux échardes des bancs universitaires.

Mais, si les cadres de notre armée active, malgré tous ces vices de constitution si profondément enracinés, semblent encore faire bonne contenance devant les nécessités des heures présentes, il n'en est, malheureusement, pas de même des cadres de notre armée de réserve.

Ici, il ne faut pas craindre de le dire, c'est le manque le plus absolu d'homogénéité, d'initiative, d'instruction et d'esprit militaires. Le recrutement des officiers de réserve laisse en tous points à désirer : il n'est basé sur rien, règlementé par rien. Que vous ayez servi trois ans sous les drapeaux, que vous en ayez servi quatre, dix ou quinze, vous n'avez pas plus de titre à briguer l'épaulette que tel ou tel dispensé qui n'aura passé qu'un an embusqué dans quelque sinécure.

Le favoritisme est en matière d'avancement dans la réserve, le meilleur appoint des candidats sous-lieutenants. Heureux ceux qui peuvent présenter patte blanche, c'est-à-dire nom, fortune et protection : l'épaulette leur est acquise. On passe maintenant officier de réserve, comme on devient membre de l'« *Épatant* » ou de la « *Société protectrice des animaux*,» on ne vous demande pas plus d'aptitudes spéciales dans un cas que dans l'autre.

Bien entendu, comme toujours, on fait l'impossible pour sauver les apparences : les officiers de réserve sont astreints à de fréquentes périodes d'instruction, et des conférences, auxquelles ils sont seulement **conviés d'assister**, leur sont faites ou plutôt doivent leur être faites dans chaque garnison. Mais, si ces périodes et conférences ont été instituées dans un but louable, les résultats qu'elles donnent sont loin d'être satisfaisants.

Les officiers de réserve eux-mêmes ne se prennent, d'ailleurs, pas au sérieux. Ils savent qu'ils ne sont que des officiers pour rire et beaucoup d'entre eux le reconnaissent loyalement.

Lorsqu'il leur arrive de faire un stage dans un régiment, ils s'arrangent toujours de manière qu'ils soient parfaitement tranquilles et donnent aux sous-officiers de l'active sous leurs ordres pleins pouvoirs en toutes circonstances.

Quant aux conférences, ordonnées depuis des années par circulaire ministérielle, il y a beau temps qu'il n'en est plus question. Dès le début, d'ailleurs, MM. les officiers de réserve mirent un empressement exemplaire à ne pas y assister et, bientôt même, tant les lettres d'excuses pleuvaient, les officiers chargés de ces cours furent réduits à infuser à des banquettes vides les grands principes de la stratégie en chambre.

Il est clair que l'on ne peut pas obtenir d'individus remis à la vie civile, et qui peuvent avoir leurs occupations, une assiduité et un enthousiasme exceptionnels. Mais il serait facile, cependant, de créer un corps d'officiers plus instruits et plus capables, en rompant définitivement avec les préjugés et les considérations mesquines qui nous valent pour nos troupes de seconde ligne certains cadres à peine dignes de figurer dans une compagnie de sapeurs-pompiers.

N'importe-il pas, raisonnablement, d'exiger de sérieuses garanties de ces chefs, sur lesquels pèsera une lourde responsabilité à la guerre et, pour cela, de leur faire subir un examen qui ne dégénère pas en simple interrogatoire sur leur famille, leur situation de fortune, leurs relations, leurs goûts et leurs aspirations.

Pourquoi ne choisirait-on pas, de préférence, les officiers de réserve parmi les sous-officiers ayant plusieurs années de présence sous les drapeaux et qui possèdent, sinon une éducation brillante, au moins des connaissances techniques et des qualités acquises de pratique et de commandement susceptibles de rendre d'excellents services en campagne et qui, en tous cas, sont autrement capables de diriger des troupes que les dispensés de l'article **23** ?...

A pareille question, quelques cuistres galonnés, arrivés par leur seul porte-monnaie, m'ont répondu, souvent, que la plupart des anciens sous-officiers ne peuvent subvenir aux frais de représentation, d'équipement et d'habillement qu'entraîne la situation d'officier de réserve et que les commissions de classement se voient ainsi obligées de se rabattre sur des candidats à même de payer de quelques louis l'obtention d'un brevet d'officier.

Ainsi donc le mérite se trouve sacrifié à l'ar-

gent, et la valeur, à l'incapacité et à la théorie
bourgeoise. En tous cas, il est assez piquant de
constater combien ces pratiques d'esprit essentiellement militariste contrastent avec les principes
de nos institutions prétendues démocratiques.

Je vais aborder maintenant un sujet des plus
délicats et des plus controversés : je vais parler
des sous-officiers qui, placés entre les hommes
d'un côté et toute la hiérarchie galonnée de
l'autre, se trouvent dans une situation comparable
à celle de ces fameux états-tampons, victimes des
incursions et des ravages des deux peuples qu'ils
devaient séparer.

Que n'a-t-on dit des sous-officiers ?... Quels
reproches et quelles haines n'ont-ils pas soulevés,
sans en être toujours directement responsables ?..

On s'est toujours plu à représenter le sous-
officier comme un être brutal et grossier, que les
années de service vont abrutissant et corrompant
de plus en plus et que l'absinthe contribue à
abêtir encore... Il peut y avoir des sous-officiers
qui répondent à ce signalement, mais il faut impartialement reconnaître aussi que c'est là mino-
rité et que, pour en trouver de ce calibre, doit-on
comprendre encore, dans la catégorie des sous-
officiers, les gardes-chiourmes des prisons, des

bataillons d'Afrique et des compagnies de discipline, qui, Corses pour la plupart, sont l'objet
d'un triage tout spécial pour ces....délicates fonctions.

Si l'on récrimine tant contre les sous-officiers,
c'est d'abord, souvent, parce que l'on n'ose pas
s'attaquer plus haut et ensuite parce que, obligés
de faire exécuter les ordres qu'ils ont reçus, ce
sont eux et **eux seuls** qui se heurtent aux mauvaises volontés et aux inerties que ces ordres font
naître.

On s'entête à ne pas vouloir remonter à la
source du mal, à ne pas voir derrière le sous-officier, qui use son prestige et son autorité à faire
accepter un ordre, l'officier, qui abrite sa responsabilité et se dérobe, en disant hypocritement
à son auxiliaire :

— Mon ami, je sais parfaitement que l'ordre
que je vous transmets et qu'on m'a transmis à
moi-même, est idiot et inexécutable. Mais je dois
vous prévenir que, si vous ne le faites pas observer, je vous flanquerai quatre jours de consigne
à la chambre. Au revoir !... Dépêtrez-vous comme
vous pourrez. Moi, je vais prendre mon apéritif,
déjeuner et faire ma partie de billard avec le

commandant... Quand je reviendrai, que tout soit prêt, n'est-ce pas !...

Voilà la note juste de la situation. Et cela est tellement vrai que, si l'on prend, dans un escadron, le livret de punitions du meilleur sous-officier et qu'on le compare à celui du plus mauvais cavalier, on relèvera cette anomalie stupéfiante : le livret du sous-officier est noir de punitions ; celui du soldat en est presque indemne. C'est donc bien que le sous-officier est la victime indiquée, sur laquelle on peut impunément faire peser la responsabilité de tous les « à coups. »

Mais un exemple fera mieux encore comprendre : un officier reçoit-il une observation de son capitaine, pour la mauvaise tenue de son peloton, l'insuffisante instruction de ses hommes, ou l'exécution mal comprise d'un ordre?... Invariablement il en rejette la faute sur son sous-officier et, pour **se couvrir**, punit sans aucun ménagement, avec la plus parfaite et la plus injuste insouciance, celui qui, la plupart du temps, n'a fait qu'exécuter strictement ses ordres.

Quant aux punitions infligées par les sous-officiers, elles sont beaucoup plus rares que l'on veut bien le dire, surtout si l'on tient compte de la pression exercée chaque jour sur ces gradés pour qu'il se montrent sévères et intraitables avec leurs hommes.

Certes ! il y a dans le corps des sous-officiers des brebis galeuses en très grand nombre. Mais, ces brebis galeuses, ce sont bien plutôt les « fils à papa », les hobereaux de grande et petite noblesse et les gardes-chiourmes dont je parlais plus haut, que les sous officiers de carrière, que l'on vise particulièrement dans les attaques dirigées contre les cadres inférieurs de l'armée.

C'est une erreur de croire que les sous-officiers jouissent dans l'armée d'une situation enviable. Ils sont, au contraire, plus que tous autres, en but aux exigences d'un odieux servage. Leur condition est celle d'un ilote galonné, qui, en cette qualité même, assume plus de responsabilités et supporte plus de misères que ses compagnons d'infortune, et voilà tout.

Et, cependant, le sous-officier occupe dans notre organisation militaire une place des plus importantes. Il est un peu au régiment ce que le professeur est à sa classe, l'instituteur à son école. Chargé d'une tâche ingrate, hérissée d'obstacles et lourde de sacrifices, l'instruction et l'éducation des recrues, il mériterait, à ce titre, plus d'égards et de ménagements.

Au contraire, il est presque toujours combattu par ses propres chefs, son autorité est anéantie par leur morgue et leur insolence et sa personnalité même rapetissée et ridiculisée par eux. On exige de lui des tours de force et on le paralyse par d'ineptes tracasseries.

J'ai connu un capitaine-commandant qui, étant jeune sous-lieutenant et désigné d'office pour la campagne de Tunisie, s'était empressé de tourner casaque et, à la veille de s'embarquer, avait, je ne sais à la suite de quelles compromissions, obtenu une affectation moins périlleuse. Ce patriotard, fils d'archevêque, cela s'entend, et qui couchait littéralement avec l'Alsace-Lorraine et la revanche, avait une formule à lui qu'il servait à chaque instant, avec la phraséologie d'un perroquet bien dressé, et qui résume admirablement la situation que je viens d'exposer :

— Fourrez-moi les sous-officiers dedans !...

Telle était sa marotte et nul raisonnement n'eût pu lui faire accepter une autre conception de ses devoirs et de ses obligations de chef.

Eh bien ! avec ce capitaine-commandant il fallait que les sous-officiers et **eux seuls** conduisissent à toute vapeur l'instruction des recrues. Il prétendait, en quatre séances au plus, — Barmum n'eût pas demandé davantage, — pouvoir inoculer à ces hommes, dépaysés par un brusque changement de vie, toutes les âneries de la théorie et, bien entendu, il chargeait ses sous-officiers de réaliser le problème, en leur fournissant ces seules indications brèves mais décisives :

— Si les recrues ne savent pas leur théorie par cœur dans quatre jours,... on fourrera les sous-officiers dedans !...

Ramollot eut ajouté *serongnieugnieu*, lui s'en dispensait et vraiment c'était grand dommage, car l'âme du grand colonel devait tressaillir, c'est certain, aux accents gutturaux de cette logique bien militaire.

Il est vrai que notre *fourreur... dedans* avait un système à lui, fruit d'une profonde expérience, et qui donnait des résultats surprenants. Jugez plutôt:

Le sous-officier devait dire, par exemple, à ses hommes :

— Le général en chef s'appelle le général Bateau, criez-le tant que vous pourrez.

Et les hommes devaient reprendre en chœur en s'époumonnant de conséquence :

— Le général en chef s'appelle le général Bateau !...

L'un disait gâteau, l'autre disait rateau, un troisième radeau, un quatrième fourneau, mais, enfin ! avec un peu de complaisance on saisissait vaguement Bateau et, en tous cas, l'essentiel était atteint puisque le casernement était ébranlé jusque dans ses assises les plus intimes par ces « coups de gueule » tonitruants.

Maintenant, si le sous-officier, essoufflé, après quinze minutes de cette acrobatie vocale, s'avisait de demander à un quelconque de ses hommes :

— Comment s'appelle le général en chef ?...

L'interpellé qui, la plupart du temps, avait fait chorus avec les camarades en se décrochant la mâchoire pour ne rien dire restait bouche bée et l'air ahuri. La méthode était donc excellente.

Il fallait cependant qu'avec le système prôné, le sous-officier vînt à bout de tout, quels que fussent le degré intellectuel et le manque de mémoire de ses élèves. Ajoutez à cela l'intervention d'un lieutenant ou sous-lieutenant qui veut, lui aussi, mettre en vigueur une méthode excellente et vous me donnerez votre opinion sur la situation du sous-officier obligé, pour ne mécontenter personne et ne se mettre à dos aucun de ses chefs, de flatter leurs préjugés de pions en servant tour à tour leurs manies.

Dans ce désarroi, on impose aux hommes des efforts de mémoire stupidement excessifs. Les théories qui leur sont faites comportent pour la seule carabine **290 noms techniques,** alors qu'une trentaine au plus suffisent amplement pour connaître le démontage, le nettoyage et le remontage de cette arme.

Croyez bien que, s'il s'agissait d'exercices utiles, les chefs de corps et leurs satellites seraient d'une moindre exigence. Pour le tir, par exemple, auquel participe cinquante pour cent, à peine, de l'effectif et où, selon une formule consacrée **« on tire pour les absents, »** j'ai assisté dans un régiment à un gaspillage inouï des cartouches.

Chaque détachement avait un temps limité pour effectuer son tir. Quand l'heure pressait, plusieurs hommes tiraient à la fois sur la même cible et les fusils succédaient aux fusils sans que les marqueurs, par ordre, donnassent le moindre signe de vie. Aussi, de retour au quartier, le sous-officier en était-il réduit à improviser une fantaisiste situation, ou plus exactement **un faux,** sur lequel s'établissait le registre de tir de l'escadron.

Une année, même, certain colonel de cavalerie

trouvant, d'après ses propres expressions, **que les tirs prenaient trop de temps sur l'instruction**, donna l'ordre de consommer en une seule séance le lot complet des cartouches affectées à son régiment.

On put voir, en cette circonstance mémorable, un seul détachement d'une vingtaine d'hommes brûler, en feux de salves à 400 mètres sur silhouettes, plus de 4.000 cartouches. Le résultat de cette orgie de poudre fut, d'ailleurs, des plus pitoyables, car dix balles seulement sur les 4.000 tirées atteignirent très approximativement le but.

On serait mal fondé, je crois, à me reprocher d'insister ici sur un fait qui peut être isolé, mais qui n'en est pas moins d'une importance capitale. Dois-je dire, en effet, quel mobile avait dicté cette décision au colonel en question ?... Eh bien ! ce n'était que les nécessités de l'organisation d'un carrousel où son régiment devait caracoler devant ce public traditionnel, si friand des exhibitions hippiques : les femmes à dot et les prostituées.

Cette digression sur l'emploi de la poudre sans fumée à des bordées de pétarades inutiles m'a entraîné loin du sujet que j'avais abordé tout d'abord : les conditions d'existence du sous-officier et son rôle prépondérant dans l'instruction et l'éducation des hommes. J'y reviens donc....

A l'instruction à cheval, aux exercices à pied, à la voltige, comme à la théorie, ce gradé est toujours sur la brèche avec pour stimulant ce perpétuel dualisme à combattre: la manière de voir du capitaine-commandant et celle de faire, presque toujours opposée, de l'officier chargé des classes.

Si l'un dit blanc, l'autre dit noir, si l'un reproche au sous-officier d'aller trop vite, l'autre arrive qui blâme sa lenteur. Quand l'un s'étonne de sa sévérité, l'autre rageusement lui reproche son indulgence. Si le capitaine, enfin ! lui ordonne de faire galoper, il vient à peine de disparaître que l'officier survient et, pourpre de colère, lui demande si véritablement il est payé pour tuer les chevaux.

Il faut que le malheureux ait la cervelle solide et le caractère souple et résigné pour ne pas perdre la tête et tout envoyer promener.

N'ayant en perspective que leur avancement, comme qualités du cœur que l'égoïsme et la brutale ambition, aussi plats et intrigants avec leurs chefs qu'autoritaires et tyranniques avec leurs inférieurs, beaucoup trop d'officiers refusent aux sous-officiers la considération et le respect qu'ils leur doivent comme hommes, d'abord ! comme soldats, ensuite ; enfin comme auxiliaires précieux de l'activité, du zèle, du dévouement desquels dépend presque toujours leur situation présente et celle à venir.

On se plaint que les sous-officiers ne rengagent plus ; bien mieux, on est surpris que beaucoup d'entre eux lâchent l'armée à la veille même de leur retraite et, comme toujours, on ergote à perte de vue pour expliquer cet exode, tout en se gardant prudemment d'en rechercher les véritables causes.

On dit que les primes de rengagement ne sont pas assez élevées, que les emplois promis aux sous-officiers ne leur sont pas accordés, que les retraites sont insuffisantes et que les avantages (haute paye, habillement, mobilier, logement, chauffage,) qui leur sont faits, ne sont pas à même de leur sourire beaucoup. Je prétends que c'est une erreur et tous ceux qui connaissent un peu la vie militaire reconnaîtront que ce n'est pas, en effet, ce côté matériel de leur existence qui crée le plus de soucis aux sous-officiers rengagés.

Combien d'entre eux ont été mis en possession du fameux mobilier que la loi leur accorde ?...

Dans certains régiments, pas un seul et cependant aucun d'eux ne le réclame. Il faut pour qu'un capitaine consente à changer une tenue de ville que celle-ci ne soit plus qu'un haillon. Nuls rengagés malgré ça ne protestent et beaucoup même préfèrent s'habiller à leurs frais.

Non ! nos législateurs se trompent ou ils usent d'hypocrisie quand ils demandent pour les sous-officiers des augmentations de solde, de primes, de retraite et des avantages nouveaux qu'ils s'empressent d'ailleurs de ne pas leur accorder. Ce qu'il faut améliorer tout d'abord, c'est leur situation morale. Voilà le véritable sujet de leurs plaintes, le réel motif de leur dégoût de l'armée. Voilà pourquoi ils ne rengagent plus ou quittent l'uniforme désabusés et écœurés après huit ou dix ans de service.

Croyez bien que, lorsqu'on consentira, enfin, à examiner sous ce jour la situation des sous-officiers et à en tirer les conséquences naturelles, les rengagements se multiplieront sans qu'il soit nécessaire d'augmenter d'un centime les primes, les soldes et les retraites.

Actuellement et pour cause, les sous-officiers y regardent à deux fois avant de s'aventurer sous les fourches caudines d'un rengagement.

Quelle loi, en effet, leur assure une retraite honorable dont le moindre incident peut, au contraire, les priver ?...

Rengager pour s'exposer au bout de dix ans
de services à se voir casser de son grade sans
l'ombre d'un motif sérieux ou simplement pour
avoir déplu à un supérieur vindicatif ; rengager
pour servir de bête de somme aux jeunes fanatiques de la rue des Postes, ou, mieux encore, pour
se voir refuser purement et simplement un second rengagement parce qu'il plaira à un colonel
sans scrupules de donner votre place à une de
ses créatures. On avouera que ces perspectives
n'ont rien de très alléchant.

Nos législateurs, je le répète, peuvent mettre
toute leur sollicitude à rendre enviable aux sous-
officiers l'avenir de leur situation. Tant qu'ils ne
leur garantiront pas une existence morale plus
digne et une juste indemnité, proportionnelle au
temps passé sous les drapeaux, ces serviteurs du
pays, eux aussi dignes d'intérêt, déserteront l'armée de plus en plus pour ne pas se voir, du jour
au lendemain, jeter sur le pavé sans ressources,
ou condamner à finir comme soldats de 2ᵉ classe
un rengagement contracté au titre de sous-officier.

Il y aurait beaucoup à dire encore pour mettre au point cette question qui a soulevé des controverses où les erreurs et le parti-pris dénaturaient souvent le véritable esprit de critique. Mais ce serait un ouvrage entier qu'il faudrait y consacrer et telle n'est pas la tâche que, pour le moment du moins, nous avons assumée. Qu'on me permette, donc, de n'ajouter que quelques mots qui confirmeront ce que je viens d'écrire.

Le capitaine dont je parlais plus haut, celui-là même à qui l'expédition de Tunisie n'avait inspiré qu'une patriotique... frousse, ne dormait tranquille, comme on l'a vu, que lorsque son rapport journalier débordait des punitions infligées à ses sous-officiers. Suivant lui, et il le déclarait sans ambages aux propres intéressés, son escadron ne pouvait et ne devait marcher qu'à la seule condition que les sous-officiers seraient continuellement punis.

Par contre il ne pouvait admettre qu'un sous-officier, pour se couvrir lui aussi, s'avisât de consigner un homme et il rayait inévitablement la punition, quand il ne la passait pas au compte de l'imprudent gradé.

C'était un plaisir de lui voir cuisiner ses « motifs » avec un soin touchant et un amour-propre

de cordon-bleu, mettre un point magistral sur l'*i*
du verbe punir, allonger les virgules, arrondir
les lettres trop sèches et corriger avec délices les
fautes d'orthographe d'un pauvre *cabot* inexpé-
rimenté.

Quand un jeune prodige fraîchement débarqué
de Saint-Cyr avait la malechance de lui tomber
sous la main, il en faisait, en moins d'une semaine, un dogue intraitable et rageur. Il l'initiait
avec volupté aux teintes et demi-teintes des « *motifs arabes* » et ne lâchait prise que bien convaincu que le néophyte passerait son temps à
emplir de sa prose perfide les colonnes du «cahier
des punitions » et irait jusque dans Larousse
puiser les libellés de ses motifs.

Comme les sous-officiers étaient les seules
victimes de cette comédie, bien militaire dans sa
brutale stupidité, le service, cela se conçoit, devenait pour tout le monde une corvée et, plus
encore, une sale besogne pénible et répugnante.
Mais où était le pire de ces procédés, c'est que
le capitaine extraordinaire qui les avait insti-
tués et imposés n'agissait pas par pure manie de
détraqué rosse mais irresponsable. Il visait surtout, dans cette manière de faire, la satisfaction

de ses bas appétits de réclame malsaine et d'avancement rapide.

Un jour que, pour la troisième fois, il avait rayé une punition insignifiante infligée par un sous-officier, celui-ci écœuré, à la fin, de ce parti-pris qui le ridiculisait aux yeux de ses hommes et lui enlevait tout son prestige et son autorité, insista avec vivacité pour que la punition fût maintenue. Le capitaine, devant cette prétention aussi imprévue qu'énergique, resta d'abord interloqué, puis, naïvement, montrant pour la première fois le fond de son sac :

— S's-off'cier, dit-il, si je ne veux pas qu'on punisse les hommes, c'est à seule fin d'avoir des livrets vierges pour la prochaine inspection. Vous comprenez bien que le général sera émerveillé de voir que mon escadron marche très bien sans punitions.

— Ma foi, mon capitaine, répondit simplement le sous-officier, le général pourra s'assurer du contraire s'il consulte mon propre livret.

Je pourrais clore sur ce mot de la fin, si le complément indiqué de ce qui précède n'était justement **la question des punitions**, que nous venons d'examiner déjà sous une de ses faces et qu'il convient de traiter à un point de vue général.

Tout d'abord, ce qui offusque le plus dans cette institution, non pas boiteuse, comme la Justice, mais complètement cul-de-jatte, c'est de voir le peu d'impartialité avec laquelle est faite son application.

Pour deux fautes en tous points semblables, pour deux mêmes motifs de punition, les peines varient à l'infini.

Rien n'est établi, rien n'est tarifé. Les chefs ont à leur disposition un arsenal de châtiments, dont ils usent selon leur manière de voir et, surtout, selon leurs préférences.

Un malheureux qui vole une miche sait à peu près à quoi il s'expose. Un militaire qui manque l'appel, lui, n'a absolument aucune idée des rixes qu'il encourt. Il est à la merci d'un mouvement de bonne ou de mauvaise humeur de ceux qui le puniront et peut se voir infliger quinze jours de prison, quand un de ses camarades, dans les mêmes conditions, en sera quitte pour huit jours de consigne. Ce qui, en théorie, peut se résumer ainsi : Si quelque individu se trouve puissamment recommandé, il faut faire preuve à son égard de la plus extrême indulgence. Mais, pour que le grand principe de la discipline inexorable soit consacré : **dans l'intérêt du service**, il faut punir avec la dernière rigueur le malheureux dont le plus grand crime est de ne pas avoir de protections. Cela s'appelle : **donner un exemple.**

La discipline ainsi exercée est la plus odieuse tyrannie. La liberté individuelle mérite d'être respectée aussi bien dans l'armée qu'au dehors. Il faut partout des lois et des juges donnant quelque garantie d'impartialité. Autrement on ne fait que favoriser l'éclosion de basses rancunes. Le pouvoir discrétionnaire conféré à des chefs de vingt ans pour s'exercer sur des soldats du même âge, et souvent sur des réservistes pères de famille, est une institution contre nature.

Pourquoi n'établirait-on pas dans chaque régiment un Conseil de discipline, qui examinerait chaque jour toutes les punitions, entendrait les explications des parties intéressées et s'appliquerait à bien proportionner la peine à la faute commise ? La discipline ne pourrait qu'y gagner, et, en tous cas, il est permis d'espérer que bien des injustices et des inégalités seraient évitées... Mais voilà !.. cela retarderait le rapport de quelques minutes, et Dieu sait, Messieurs les officiers, ce que le besoin d'apéritif se fait sentir quand sonnent dix heures du matin à l'horloge du quartier.

Il en est, d'ailleurs, de cette question comme de tant d'autres, tout est laissé à l'appréciation ou plutôt au bon plaisir des chefs. Les colonels sont les maîtres absolus de leurs régiments et les gouvernent à leur façon, sans se soucier aucunement des lois, des décrets et des circulaires.

S'il s'agit, par exemple, de la tenue des troupes, on s'aperçoit avec stupéfaction que chaque régiment a sa manière propre de l'interpréter. Dans l'un, on tolère et encourage la fantaisie; dans l'autre, on l'interdit et la réprime... Un colonel en vante les avantages, un autre pousse des cris de paon quand on le pressent seulement à ce sujet.

Il faudrait pourtant, une bonne fois, se décider dans un sens ou dans l'autre. Il est inadmissible, en effet, que les sous-officiers de tel ou tel régiment soient autorisés par leurs chefs de corps à porter un uniforme moins « décrochez-moi ça » que la tenue d'ordonnance, lorsque tels autres se le voient formellement interdire.

Diable! que l'on s'entende, que le ministre donne des ordres, qu'il les fasse observer et respecter. On pourra éviter, au moins, par la suite, le stupide contre-sens de ce général inspecteur qui, jugeant l'ensemble des cadres d'un régiment, ne put s'empêcher de sourire et de reprocher au colonel le « manque d'élégance » de ses sous-officiers et qui, passant après dans les rangs, flanqua huit jours de consigne à la chambre à un sous-officier rengagé qui, sur ses bottes d'ordonnance, n'avait pas des éperons règlementaires.

Vous devez penser comme moi, n'est-ce pas, que ces questions ne sont pas précisément d'une importance capitale et que l'intérêt de la défense nationale ne réside pas dans ces détails insignifiants. C'est cependant de ces riens que nos officiers, du simple sous-lieutenant au généralissime, s'occupent le plus souvent et le plus passionnément. Il faut donc bien, pour justifier le titre de cet ouvrage, que nous nous y intéressions nous aussi vivement.

Donc, dans certains régiments, la situation des sous-officiers au point de vue de la tenue est souvent des plus vexatoires. Alors que les ordonnances des officiers peuvent porter la tenue civile et, bien mieux, user les vieux habits et les chaussures éculées que leurs maîtres ont mis au rancart ; alors qu'on leur facilite ainsi de se soustraire aux exigences de tenue et de conduite qu'entraîne le port de l'uniforme, en les laissant s'affubler de défroques souvent ridicules, la guerre la plus acharnée est faite aux sous-officiers, à qui on interdit non seulement le moindre luxe, mais encore la recherche du plus léger bien-être.

Pour les larbins que Messieurs les officiers déguisent en postillons, en valets de chambre ou en maîtres-d'hôtel, la plus grande tolérance est laissée ; pour les sous-officiers qui s'avisent de porter des chaussures qui leur permettent de marcher sans se mettre les pieds en sang, c'est la sévérité la plus inflexible, l'intransigeance la plus crasseuse.

Il est des cas où cette manière de faire est poussée même à une telle exagération que certains colonels, pour satisfaire leur fougue imbécile de l'arbitraire, n'hésitent pas à édicter des ordres qui désarment le sens commun.

En voulez-vous un exemple ?... Les règlements militaires autorisent les sous-officiers à prendre part aux courses de chevaux. Comme ce sport, où pas mal, d'ailleurs, se cassent la figure, s'est pratiqué de tous temps et se pratique encore sur la selle dite *anglaise*, vous devez penser que, nécessairement, les sous-officiers, en dehors du service, sont autorisés à en faire usage ?...

Eh ! bien, vous êtes tout simplement naïfs et votre façon de voir sur ce point est trop logique pour être comprise des grands chefs dont l'intelligence, c'est entendu, est de beaucoup supérieure à la nôtre. Les colonels admettent bien les courses où, grâce aux entrées de faveur qui lui sont prodiguées, s'exhibe et plastronne la gent militaire ; mais, rendus à leur véritable élément : la caserne, ils organisent de véritables battues pour expurger les chambres des sous-officiers de tout harnachement non règlementaire.

En toutes choses, d'ailleurs, les chefs de corps, à notre avis, jouissent d'une trop grande indépendence. Et la preuve, c'est que l'on serait bien en peine de citer seulement deux régiments où les habitudes et la manière de faire soient identiques ou approchantes.

Chaque colonel, comme j'ai déjà dit au cours de ce chapitre, décide sans appel en tout et pour tout et interprète les lois et règlements à son aise et à sa façon.

Si, au point de vue de l'instruction, cette entière liberté laissée au chef de corps peut, à la rigueur, être considérée comme utile, en ce sens qu'elle encourage l'émulation et l'esprit de corps, — deux qualités militaires sur l'existence ou l'im portance desquelles il convient de ne pas se faire d'illusion — il ne faut pas non plus accepter cette tolérance aveuglément et sans réserves, et en arriver à permettre à un colonel quelconque de faire de son régiment un jouet personnel, maniable et corvéable à merci.

C'est là, cependant, ce qui a lieu couramment.

Le colonel est maître absolu, ses décisions ont force de loi et il peut, **sans responsabilité aucune**, imposer à son régiment tel règlement fantaisiste qui lui passera par la tête. Son pouvoir discrétionnaire est aussi dangereux que la folie d'un despote et tout doit plier devant lui servilement et sans recours d'aucune sorte. En un mot, quoi que Ramollot commande, Chapuzot doit exécuter mécaniquement.

S'il plaît à un colonel d'envoyer, par force, ses hommes à l'église, **sous la conduite et la responsabilité des gradés**, pour s'y faire asperger d'eau bénite et y exécuter avec ensemble signes de la croix et génuflexions, tout se passe conformément et le colonel, qui se f...iche de la République parce que son gouvernement ne veut pas la faire respecter, est bombardé général de brigade peu de temps après cette manifestation.

Un autre chef de corps institue un règlement

arbitraire qui avantage la situation des sous-officiers rengagés au détriment de leurs camarades et le règlement est effectivement appliqué. Les sous-officiers rengagés sont, en conséquence, autorisés à monter à cheval isolément, en petite tenue et en selle anglaise, tandis que leurs collègues non rengagés, qui presque toujours sortaient avec eux, ne peuvent plus le faire qu'avec autorisation spéciale signée de leur capitaine commandant, en selle d'ordonnance et en grande tenue.

Bien mieux, en violation flagrante des règlements, ce même chef de corps exempte de tout service, le dimanche, les sous-officiers rengagés et impose ainsi à leurs collègues non rengagés le surcroît de charge en résultant.

Voulez-vous un exemple de plus du sans-gêne des chefs de corps et du degré de leur autocratie. Écoutez cette anecdote. Elle n'est point tirée des *Mille et une nuits*, mais bien des pages vécues de votre serviteur :

Il était une fois un colonel qui avait dix fois plus d'années que de galons et qui devint amoureux... *en second* de la maîtresse d'un de ses sous-officiers. La situation était délicate, mais un colonel doublé d'un vieux garçon ne s'inquiète pas

pour si peu et sait, d'autre part, par expérience,
que, lorsqu'on peut se réclamer de l'honneur de
l'armée, on se fait facilement pardonner ses fredaines.

Après avoir été acquiescé auprès de la belle
et avoir fort longtemps fait ménage à trois, le
vieux brave, que les jeunes tourtereaux laissaient
souvent moisir sous les fenêtres, résolut d'évin-
cer définitivement son partenaire.

Au cours de ses longues poses à la belle étoile,
le colonel s'était forgé cette évidente conviction
que, pour sacrifier sans doute à Cupidon, le sous-
officier ne regagnait pas toujours son gîte à une
heure des plus réglementaires. Aussi résolut-il
de le pincer.

Dès lors, il n'est pas d'excentricité qu'il se
refuse. Il fait lui-même contre-appel dans les
chambres des sous-officiers, exige que les *ren-
trants* soient portés avec une exactitude chrono-
métrique, s'informe chaque jour auprès du sous-
officier de garde des... évènements de la nuit et
donne des ordres spéciaux très sévères avec menace de casser tout le monde s'il relève la moindre faute et surtout si le gibier qu'il traque passe
entre les mailles de ses consignes.

Mais le sous-officier en question, prévenu

sans doute par.....un intermédiaire des plus autorisés, se tient sur ses gardes et rentre à l'heure. Comme il demande souvent des permissions de la nuit qu'on ne saurait vraisemblablement lui refuser, le colonel ne trouve rien de mieux que de les supprimer purement et simplement pour toute la garnison, sous ce prétexte que **la ville n'est pas assez importante**, (sous-préfecture de 15.000 habitants).

Il exige également que les permissions pour le dehors soient visées par la gare à l'aller et au retour, et que le titulaire ne séjourne pas un seul instant en ville, sous peine de se voir punir et retirer toute permission à l'avenir. Toutes ces mesures, toutes ces tracasseries, toutes ces vexations puériles, vous comprenez, lecteur, dans quel but !...

Ainsi tout un régiment se trouvait bouleversé, mis à l'index et tyrannisé, parce qu'il plaisait à son colonel de jouer au vieux marcheur, de Lavedan, et de disputer à quelque obscur sous-officier les faveurs d'une demi-mondaine.

Certaine nuit, un colonel, qui se donnait le chic de paraître excentrique et croyait émerveiller les petites bourgeoises en gonflant son médiocre personnage des allures énergiques d'un

pseudo-Lasalle, mobilisa son régiment et le con,
duisit dans un gros bourg, voisin de la ville où
il tenait garnison. Là, il fit camper les hommes
sur la principale place et donna l'ordre à la fanfare des trompettes de jouer à pleins poumons
les airs variés de son répertoire.

Comme il était deux heures du matin, il s'en
suivit un grand émoi dans la localité. Des lu-
mières brillèrent et des têtes ahuries apparurent
aux fenêtres agitant dans les spasmes d'un sommeil troublé des panaches authentiques mais
point belliqueux. Enfin, revenus de leur première
surprise, les habitants s'informent et apprennent
non sans étonnement qu'ils doivent tout le bou-
can de cette représentation militaire à la teneur
d'un pari engagé entre un de leurs concitoyens
et le colonel du régiment....

Ces exemples, vous en conviendrez, fournissent
de bien jolis arguments à la thèse de l'indépendance des chefs de corps dans l'intérêt du service
et montrent, en outre, de quelle drôle de façon
les colonels comprennent leur mission et inter-
prètent l'étendue de leurs pouvoirs.

III

Alimentation du soldat. — Beaucoup d'assiettes et
peu de fricot. — Ordinaire et extra-ordinaire. — Le
boni et la masse noire. — Concurrence à Barnum.
— Un peu de cabotinisme. — Les ressources de la
masse noire. — Les centimes de poche du troupier. — Les petites opérations d'un capitaine commandant.

On croit généralement, tant on a fait de bruit
et de réclame autour de cette question, que l'alimentation des troupes s'est considérablement
améliorée, ces dernières années. Hélas ! bien malins seraient ceux qui pourraient faire constater
irréfutablement ce progrès tant acclamé.

Si l'on entend, par amélioration, la substitution
de l'assiette en porcelaine à la gamelle, du verre
au quart en fer blanc, l'addition au matériel de
tables, bancs, soupières, plats, pots-à-eau, je suis
d'accord !... Mais il me semble qu'il est prétentieux de baptiser cette réforme d'un matériel usé

du titre suggestif, mais complètement apocryphe, **d'amélioration à l'alimentation des troupes.**

Si Chapuzot, installé maintenant dans de somptueux réfectoires, aux murs tapissés des caricatures et des actions d'éclat de ses ancêtres, s'assied devant une table bien garnie... de vaisselle, il ne tarde à s'apercevoir que le menu est resté toujours le même et que le seul avantage acquis, c'est qu'on lui fait payer la casse avec les centimes de poche de son prêt. Je suis loin de prôner un retour à l'ancien système, mais je crois que je puis faire remarquer que le côté vraiment intéressant de la question, le côté le plus substantiel, c'est-à-dire l'**amélioration de la nourriture**, en est toujours au même point.

Le soldat est mal, très mal nourri. Le rata est son unique plat de résistance, et souvent il n'est pas des plus appétissants. Quant aux viandes consommées par les corps de troupe elles ne feraient parfois le régal que des vautours indiens de la Tour du silence, et plus d'un ministre de la guerre deviendrait du coup végétarien, si on s'avisait de lui servir, en guise de jambonneau, le «lard d'ours» qu'il achète en Amérique pour enrichir les spéculateurs et empoisonner à moitié les pauvres trou-

piers dont la faim seule arrive à dompter et sur-
monter la répugnance.

Vous voyez, d'après cet exposé, lecteurs, qu'il
ne sied pas de proclamer partout que le pioupiou
savoure des entrecôtes et des rosbifs succulents,
quand on lui sert invariablement à chaque repas
un morceau de bœuf ou de « lard d'ours » bouillis,
de proportion et de qualité plus qu'ordinaires,
arrosés d'un bouillon gélatineux de pommes de
terre rances, préparées et assaisonnées au pilon.

Pour refaire les forces et caler les joues, cette
mixture, vous en conviendrez, est une pitance bien
maigre sinon insuffisante !...

Je dois m'empresser d'ajouter, cependant, qu'il
est vrai que, de temps en temps, on **améliore**
l'ordinaire. Mais on profite, pour le faire, de période de fêtes, où l'effectif se trouve diminué des
deux tiers par les congés accordés.

Pour la Noël, par exemple, et pour le Jour-de-
l'An, quelques oies font leur apparition sur table,
en remplacement de la portion de bœuf ou de
« lard d'ours » mais non, bien entendu, comme
plat supplémentaire. Le Vendredi-Saint fait
pondre quelques œufs à l'avarice de l'ordinaire
et, le 14 Juillet, l'armée française se desserre d'un

cran pour loger dans ses estomacs une ration dé vin et une salade.

Il est certain, pourtant, qu'avec les ressources de l'ordinaire, les capitaines-commandants pourraient, sans difficulté, arriver à de meilleurs résultats. Il faudrait tout simplement pour cela que les ressources de l'ordinaire servissent à entretenir l'**ordinaire** et uniquement et strictement l'**ordinaire.**

Pour sa seule nourriture, chaque homme verse par jour, en moyenne, de vingt à trente centimes. Le gouvernement lui alloue la viande, le pain, le charbon et une quantité de sucre et café. Avec leurs versements, il ne reste donc aux hommes qu'à pourvoir à l'achat de légumes et d'assaisonnements.

Ces versements sont toujours plus que suffisants pour y suffire, et l'excédent est mis de côté sous le nom de « **boni des ordinaires.**« Ce boni est employé au paiement d'achats divers, mais le règlement spécifie bien qu'**aucunes dépenses, autres que celles se rattachant à l'alimentation des hommes et tendant à améliorer leur bien-être, ne peuvent être engagées.**

Dieu sait de quelle façon il est tenu compte de ces prescriptions ! Ce qu'il a le dos solide, ce pauvre boni des ordinaires pour supporter tous les assauts qu'on lui livre, c'est vraiment prodigieux! C'est comme un fonds de secours inépuisable où les moins autorisés puissent à pleines mains, selon les nécessités du moment. C'est au point qu'il est impossible même de signaler d'une façon générale les abus commis, tant sont multipliés et escamotés les virements auxquels l'emploi irrégulier des fonds du boni donne lieu.

A côté du boni, et souvent se confondant avec lui, il existe encore une caisse particulière de... secours appelée communément **masse noire** et alimentée toujours par des versements imposés aux hommes, mais ceux-ci irrégulièrement.

Malgré une interdiction rigoureuse, voire même de sévères interventions, cette petite banque occulte continue d'opérer, dans bien des corps de troupe, sous l'administration directe du capitaine-commandant. La masse noire permet, de concert souvent avec le boni, de parer à toute éventualité désagréable et d'améliorer le bien-être de l'homme, mais dans un sens tout à fait différent de celui dont s'inspire le règlement.

Que de dépenses excessives et irrégulières nous avons vu faire en matériel de voltige, de bureau, de chambres, d'écurie, etc., qu'il eût été impossible de solder sans l'appoint précieux des deux caisses dont je viens de parler.

Un capitaine-commandant, ambitieux et remuant, avait doté son escadron d'une sorte de cirque portatif, que l'on installait au beau milieu du manège pour les exercices de voltige. Rien n'y manquait: tremplins, paillasses, barrières, surfaix, selles de différentes formes, etc.., et une fanfare assez rococo, il est vrai, égayait même les exercices par l'exécution de refrains en vogue.

Barnum et Cody étaient surpassés, et l'on avait, dans ce coin de quartier de cavalerie, une succursale du Nouveau-Cirque des plus attrayantes et des mieux achalandées.

Bien entendu, pour l'inspection générale, le cirque en question fut le grand clou de la fête : le général inspecteur donna lui-même le signal des applaudissements et deux belles pièces de cent sous aux plus habiles de la troupe.

C'était fort bien ! Cependant, le général, il me semble, aurait dû approfondir un peu les côtés louches de cette entreprise et faire à l'impresario de cette brillante kermesse cette question bien simple et qui s'imposait :

— Pourriez-vous me dire, capitaine, sur quels

fonds vous avez acheté tout ce matériel ?...

La réponse, j'en suis certain, eût été au moins évasive et une enquête ouverte eût fourni sans nul doute de piquantes révélations.

Quand vint le quart d'heure de Rabelais, le capitaine au cirque se trouvant comme par hasard en congé, ce fut un lieutenant de son escadron, nouveau promu et ignorant des dépenses engagées, qui classa et solda les douloureuses, **en mettant à sec boni et masse noire**. Comme le chef-armurier seul réclamait pour sa quote-part de fantastiques étamages de gamelles, l'officier stupéfait lui adressa cette observation :

— Comment, chef, c'est une plaisanterie ! Vous me réclamez 800 étamages de gamelles alors que l'escadron n'en a que 150 en magasin !...

— Mais, mon lieutenant, répondit le fournisseur, il faut bien payer les sapins qui ont servi à faire les barrières du cirque !...

Etant peu versé dans les secrets de la comptabilité militaire, il m'est difficile d'établir exactement quelles sont les ressources de la masse noire. Il en est une seule sur laquelle je puis donner quelques renseignements : c'est la retenue arbitraire faite aux hommes sur les centimes de poche de leur prêt.

Les troupiers, on le sait, ne peuvent être privés de leur solde en aucun cas. Les règlements s'y opposent de la façon la plus formelle. Or, il n'est tenu aucun compte de cette rigoureuse défense, et certains capitaines-commandants chargés d'y veiller sont les premiers à passer outre. Voici, d'ailleurs, comment se pratique généralement cette petite opération :

Toute perte, détérioration ou, souvent même, simple usure prématurée d'effet quelconque est imputée à charge à l'homme. Il est tenu, donc, soit de remplacer l'effet, soit d'en payer la valeur en bonnes espèces du cours. Pour cela, s'il n'a pas monnaie en poche, on se montre à son égard des plus complaisants.

Son prêt ne lui est pas retenu sans son consentement préalable, mais c'est absolument tout comme. Son capitaine lui donne seulement le choix entre huit jours de salle de police ou le paiement de l'effet. En cas de refus de payer ou d'hésitation, les deux moyens sont souvent appliqués et, finalement, tant ce procédé est perfectionné, l'homme, pendant des mois et des mois, se trouve complètement privé de sa solde.

L'argent ainsi recueilli reste dans la caisse particulière de l'escadron ou de la compagnie et forme, par conséquent, un bénéfice illicite et d'autant plus odieux qu'il prive parfois un malheureux des quelques maigres sous sur lesquels il comptait pour acheter ses aiguilles, son fil ou un morceau de pain. Mais, tandis que le capitaine encaisse, nous allons voir de quelle façon il s'arrange pour n'avoir rien à débourser.

Lorsqu'un homme perd, par exemple, une brosse, son capitaine, après conclusion de la petite entente ci-dessus, la lui fait remplacer par le magasin, qui porte, par conséquent, sur le registre des sorties une unité de cet effet. Le troupier paie sa brosse, mais, comme ce genre d'opération n'est pas règlementaire, l'argent qu'il donne demeure acquis à la caisse particulière créée à cet objet.

Lorsque le capitaine, à son tour, a besoin de brosses pour son magasin, il s'en fait délivrer par un simple «bon», sans qu'il ait à rendre compte de l'emploi de celles précédemment livrées. Comme ce petit commerce est établi pour les effets de toute espèce, il est aisé de se rendre compte que la caisse particulière que détient le capitaine-commandant ou, plus exactement, la **masse noire**, réalise ainsi des bénéfices considérables.

Eh bien ! que pensez-vous de ces petites opérations de marchands fripiers ?... Ne vous semble-t-il pas que les personnages très galonnés qui les réalisent, feraient bonne figure sous la houppelande crasseuse d'un brocanteur de boutique borgne ?...

J'admets que ce petit commerce ne mette pas la patrie en péril ; mais il est bon de faire connaître un peu les agissements louches d'individus qu'auréole une réputation trop immaculée d'intégrité, d'honnêteté, de générosité et d'esprit chevaleresque. Quand on veut se donner la peine de regarder d'un peu près sous les chamarrures et les galons, on est vite désillusionné.

Nos fonctionnaires militaires apparaissent alors dans leur complète nudité, avec leur conscience peu bourrée de scrupules et leur esprit mercantile et malsain. Tous ces rodomonts de derrière les fagots dépouillent soudain leurs trompeuses défroques, et, où l'imagination se forgeait déjà un être supérieur, sinon un héros, l'analyse est déconcertée de ne trouver que le plus insignifiant des pingres.

Dans la pratique de toutes les petites opérations véreuses du **boni** et de la **masse noire**, aucune vétille n'est négligée pour arriver à la forte recette. Il est certains régiments même où le versement à la masse noire n'est pas seulement une perpétuelle *tape*, mais bien un véritable impôt auquel il est impossible de se soustraire sans courir les risques de sévères punitions. Il est presque oiseux d'ajouter que l'encaisse métallique de la **masse noire**, que les grands chefs sont censés ignorer, échappe à toute espèce de surveillance et de contrôle. Seuls les privilégiés qui l'administrent peuvent y barboter à leur aise, sans craindre une indiscrète intervention.

En dehors de cette mise en coupe réglée, le soldat qui, au régiment, n'a que sa pauvre solde en partage, se trouve encore en délicate posture devant nombre d'exigences qui l'assaillent. En outre des dépenses qui lui sont imposées et auxquelles il doit se *débrouiller* pour faire face, tel l'achat de brique pour ses aciers, de tripoli pour ses cuivres, de cires jaune et noire pour son équipement, de vernis pour sa jugulaire, de jaune d'œuf pour son hanarchement, de blanc pour ses guêtres et ses basanes, de savon pour blanchir son linge, de pétrole pour s'éclairer, de charbon pour se chauffer, de benzine, de panama, de chaussons de voltige dans la cavalerie, etc... etc...., il doit encore, avec son argent, payer toutes les fantaisies que la folie de l'astiquage inspire à ses supérieurs aux abois.

S'il vient à l'esprit d'un capitaine-commandant de faire cirer le parquet des chambrées à l'instar des salons mondains, c'est le soldat, qui n'en peut mais, qui doit payer ce luxe stupide : acheter la paille de fer, les balais de crins, les brosses, la cire et l'essence de térébenthine.

S'il lui plaît, au contraire, de faire passer les mêmes parquets à la mine de plomb, comme de vulgaires fourneaux de cuisine bourgeoise, c'est toujours le soldat qui paie et a l'avantage de subir en plus les premiers symptômes d'une dangereuse intoxication.

Quand, sous prétexte de délassement intellectuel un arriviste dote l'escadron qu'il commande d'une bibliothèque où fourmillent les bibles et où les catéchismes pullulent, pêle-mêle avec les livres de doctrine et de morale chrétiennes, c'est encore le soldat et toujours lui qui délie les cordons de sa bourse.

En un mot, toute création nouvelle, toute enjambée par dessus les règlements, inspirées chez le chef par le seul désir de se faire valoir, se traduit inévitablement par une incursion dans la bourse du troupier.

C'est très honnête et très militaire !...

IV

Le service de santé militaire. — Recrutement des
cadres. — Médecins-majors et paperassiers. — Une
épidémie, S.V.P. — La grippe obligatoire. — Sura-
bondance d'infirmiers.—Monsieur le major, je suis..
jardinier !. — Hôpitaux mixtes et ingérence du
clergé. — Propagande cléricale, anti-patriotique et
anti-républicaine. — A propos d'une brochure sur
Changarnier.

Je vais, maintenant, si vous le voulez bien,
aborder, dans ce chapitre, la question du service
médical dans l'armée. Il peut paraître prétentieux
de nôtre part de nous livrer à telle critique sans
pouvoir étayer nos dires seulement d'un diplôme
de pharmacien ; mais, cependant, que nos lecteurs se rassurent.

De même qu'il est facile, en effet, de se rendre
parfaitement compte, sans être un météorologiste
distingué que le temps est couvert ou qu'il pleut ,
de même il est aisé de reconnaître, sans être soi-

même un disciple d'Esculape, qu'un médecin est à hauteur de sa tâche et qu'un service médical est bien ou mal organisé.

Eh bien ! dans le service de santé militaire, comme d'ailleurs dans les autres branches de notre organisation militaire, au point de vue administratif, les rouages sont parfaitement graissés et la machine semble marcher à souhait. Malheureusement, entre la théorie et la pratique, le repos et la mise en marche, l'avertissement et l'exécution, il y a comme un abîme où s'engloutissent les meilleures intentions.

Beaucoup prétendent que le personnel médical n'est pas assez nombreux dans l'armée et demandent à grands cris son augmentation. Je ne suis pas de cet avis et je dis, au contraire, que ce personnel est très suffisant et que, s'il lui manque quelque chose, c'est d'être plus instruit et plus débrouillard.

Si nos pauvres troupiers sont tombés comme des mouches sous le climat meurtrier de Madagascar, ce n'est pas parce que les cadres de notre service de santé se trouvaient dans la pénurie, mais tout bonnement parce que, par une négligence homicide, les organisateurs en chambre de cette hécatombe coloniale avaient oublié d'envo-

yer dans la grande île des médecins et des médi-
caments.

Le praticien militaire est... quelquefois... très
dévoué et plein de bon vouloir, mais il a toujours
contre lui deux ennemis redoutables qui paralysent son action et sa décision professionnelle : la
conscience de son incapacité et la peur de sa responsabilité morale. Il doute de ses forces et de
son habileté, qu'il n'a jamais eu l'occasion de
mettre à l'épreuve, et de sa science médicale, qu'il
sait incomplète et confuse.

Sans entrer dans de subtiles considérations
sur cet état d'âme qui existe et que nous avons
constaté souvent, il convient d'examiner si le
mode de recrutement de nos cadres de santé ne
porte pas en lui-même l'explication la plus rationnelle de cette curieuse et prudente réserve, bien
incompatible cependant avec le pédantisme habituel et la sotte présomption de l'uniforme.

La question ainsi posée, il n'apparaît pas véritablement que les élèves de nos écoles de santé
militaires offrent, à la fin de leurs études, des garanties sérieuses de cet apprentissage laborieux
et de cette science précise que l'on est en droit
d'exiger de gens auxquels seront confiées, par
la suite, des milliers d'existences humaines.

Tout d'abord, il est à noter que l'instruction professionnelle est menée à la vapeur dans les écoles de santé, sans méthode positive, ni règle spéciale. L'étudiant militaire touche à toutes choses, sans approfondir et sans se perfectionner en rien.

D'autre part, il est un règlement stupide qui prononce l'exclusion de tout élève qui échoue deux fois de suite au même examen et lui brise tout avenir en le renvoyant trois ans en caserne. On conçoit que cette mesure draconienne trouve peu d'exécuteurs et que les professeurs, indulgents, préfèrent **diplômer en bloc** les étudiants militaires, qu'ils soient reconnus **capables ou non** de remplir convenablement leurs futures fonctions.

Un médecin civil décroche péniblement son titre à 25, 26 ans et plus, lorqu'un médecin militaire, qui aura commencé ses études dans les mêmes conditions d'âge, se voit bombarder aide-major à 22, 23 ans au maximum. Je crois que cette anomalie seule en dit plus dans sa simplicité que les plus sévères critiques.

Non ! On s'est trop attaché à faire, de l'Ecole de santé, en particulier, le Saint-Cyr de nos médecins militaires. Il eût été plus raisonnable et plus patriotique de créer une véritable école de médecine que cette sorte de fabrique d'aides-majors qui sent trop la « boîte à bachot. »

La médecine n'est pas plus à la portée des étudiants militaires que des étudiants civils. Pour la connaître, puis pour la pratiquer, il faut de longues années d'études sérieuses et pas mal d'heures passées par jour à l'amphithéâtre, dans la salle d'opérations et au chevet des malades.

Ce n'est pas en battant le pavé du matin au soir, en courant de l'École aux hôpitaux, des hôpitaux au cours d'équitation, du cours d'équitation à l'amphithéâtre, de l'amphithéâtre à la leçon d'escrime ; en apprenant le maniement du bistouri, de la sonde et du trépan de concert avec le maniement d'armes, la canne, la boxe, et le chausson que nos étudiants militaires peuvent arriver à de brillants résultats.

Il est plus probable qu'avec cette étrange méthode d'instruction, quelque intelligents qu'ils soient et quelque bonne volonté qui les animent, ils restent infailliblement, durant leur carrière, dangereux fruits secs de Faculté, pour qui l'amputation est la classique ressource et le chardon, — doux emblème ! — la reine des plantes médicinales.

Il est vrai que nos médecins militaires, à défaut
de science infuse, possèdent des qualités admi-
nistratives qu'on ne saurait leur contester. Nul
ne sait aussi bien qu'eux organiser le service dans
un hôpital autonome, une salle d'hospice milita-
risé ou une simple infirmerie régimentaire, établir un rapport, dresser des statistiques, élaborer
un règlement sur la police et la tenue des salles
et tapisser les murailles de ces traditionnels écri-
teaux : *défense de cracher, défense de fumer, défense d'uriner dans les corridors, défense d'entrer
à la salle de visite avec ses galoches, défense de
chanter ou de sonner du clairon.* Pour les pancar-
tes et les paperasses, à eux la palme, à eux le pom-
pon !..

S'il est un service au Ministère qui puisse se
flatter d'être bien renseigné, c'est à coup sûr le
service de santé. On ne déplace pas une tinette,
on ne pave pas un coin de cour, on ne blanchit
pas un pan de mur, on n'établit pas, dans une
caserne, une borne - fontaine ou un caniveau
sans que les médecins du corps, toujours à l'affût,
ne saisissent au vol ces occasions pour forger, en
un tas d'expéditions, de savants et interminables
rapports sur l'hygiène et la salubrité.

Je pourrais citer, à ce sujet, tel corps d'armée

où les médecins militaires discutèrent pendant plus de trois ans, à coups de rapports, d'analyses et de contre-analyses pour savoir si, oui ou non, les eaux fournies par une ville à son quartier de cavalerie contenaient ou ne contenaient pas le bacille de la fièvre typhoïde.

Les médecins-chefs disaient non ; les médecins-majors, eux, disaient oui ; le directeur du service de santé, homme prudent, ni oui, ni non, et le laboratoire du Val-de-Grâce ne trouvait jamais deux fois de suite les mêmes microbes ni les mêmes substances minérales dans les échantillons d'eau cependant identiques que les médecins lui envoyaient dans des fioles hermétiquement closes.

Et certes, tous ces Diafoirus galonnés continueraient encore leur polémique, si l'épidémie constante qui leur fournissait cet intéressant champ d'expériences, devenant une année inquiétante, le régiment, qui en souffrait, ne s'était vu dans l'obligation de plier bagages au plus vite et de décamper pour ne pas succomber. Cette mesure radicale, faut-il croire, fut d'ailleurs prise bien tardivement, car, pendant quarante-cinq jours de marche et de manœuvres, pas mal d'hommes, atteints, malgré leur éloignement du foyer infectieux, de cette fièvre inexplicable, furent semés, en cours de route, dans divers hôpitaux.

En revanche, quand l'état sanitaire est pendant trop longtemps satisfaisant, les médecins-majors éprouvent le besoin bien légitime d'avoir leur petite épidémie.

Que voulez-vous ?.. C'est d'une nécessité indispensable pour se signaler avec éclat à l'attention distraite de leurs chefs. Pas d'épidémie, en effet, pas de rapports intéressants et, pas de rapports, pas d'avancement.

Mais aussi quelle occasion unique de se révéler grand maître !... On retrousse ses manches, on assujettit ses lunettes et.... en avant la lutte tapageuse pour enrayer le fléau!...

Oh ! je vous en prie, ne vous effrayez pas, c'est bien plus simple qu'on ne pourrait le supposer et, en tous cas, sans aucun danger pour le bien-être et la santé. Les médecins, après avoir décrété l'épidémie et son mode symptomatique, font établir des salles spéciales d'observation, dérangent quelques bancs, quelques tables, quelques lits, adressent des demandes supplémentaires de glyzine et d'ipécacuana dans de longs rapports circonstanciés et......, le tour est joué!

J'ai vu l'instruction d'un régiment complètement immobilisée par une épidémie de grippe qui n'exista jamais que dans l'esprit très roublard et surtout très imaginatif des médecins de ce corps de troupe.

« Si tous n'en mouraient pas, tous en étaient frappés. » Et, de fait, les hommes qui se présentaient à la visite, — pour la grippe, bien entendu —, étaient reconnus d'emblée, sans difficultés, interrogatoires spécieux ou auscultations blessantes.

— Ce que ça « prend, » mon vieux, proclamait Pitou, enchanté de cette aubaine, ah ! tu parles, c'est rien de le dire !

Suivant la gravité de leur état et surtout la mine qu'ils s'étaient composée, les pseudo-malades étaient placés dans des catégories spéciales. Les plus... atteints étaient dare dare expédiés à l'hôpital ; d'autres, hospitalisés à l'infirmerie. Ceux qui étaient jugés capables encore de quelque effort étaient réunis dans une chambrée spécialement affectée, où ils s'installaient eux-mêmes avec leurs fournitures de couchage. Une quatrième catégorie de... grippés étaient désignés pour une autre chambrée, où ils apportaient, eux aussi, leur literie, mais pour la journée seulement. Le soir ils déménageaient et regagnaient leur escouade, quittes à recommencer le lendemain, si le cœur leur en disait.

Enfin, il y en avait encore dont l'état n'inspirait pas grande inquiétude, (c'étaient, sans doute, les plus malades.) Ceux-là passaient leur journée, dans un local désigné et approprié *ad hoc*, à boire de la tisane et à culotter des pipes, entassés sur des bancs rustiques autour d'un poêle chauffé à blanc.

Comme cette épidémie, si bien comprise et dorlotée, menaçait de s'éterniser, le colonel, qui voyait avec terreur son régiment transformé en camp volant d'invalides, crut opportun d'intervenir et de mettre le « holà ! » à une situation, profitable, peut-être, aux destinées du médecin-major, mais désastreuse à coup sûr pour l'instruction et pour la discipline.

Bien entendu, mal lui en prit, car le tout-puissant médecin-major organisa la résistance, sous forme d'une recrudescence de **son** épidémie et reconnut tant et tant de nouveaux malades que le service dût être suspendu totalement dans tout le régiment.

Quand une maladie, comme nous venons de le voir pour cette pseudo-épidémie de grippe, se trouve ainsi mise à l'ordre du jour, il faut bien se garder de se présenter à la visite pour s'y plaindre des atteintes d'un autre mal.

Quelque grave que pût être votre état, vous ne manqueriez, bien certainement, d'écoper de quatre jours de clou avec la formule consacrée : *carottier et fricoteur*. De cet entêtement routinier ou de ce dangereux aveuglement, les médecins militaires nous donnent chaque jour d'indiscutables et trop souvent **mortelles preuves**.

Souvent le médecin-major qui, par esprit de secte et préjugés d'école, est des plus autoritaires et des plus aigris, n'hésite pas à battre en brèche l'autorité du chef de corps et à s'insurger, sous prétexte d'hygiène, contre une suprématie qu'il supporte difficilement. J'en ai vu même dont les exigences n'avaient pas été pleinement satisfaites, abuser véritablement de leur sorte de *veto* professoral pour obtenir des résultats en contradiction flagrante avec les règlements.

Un jour, un colonel, passant inopinément dans son infirmerie régimentaire, — le fait est rare, vous en conviendrez — constata avec stupéfaction qu'il y avait plus d'infirmiers que de malades. Il fit grand tapage, comme bien on pense, et renvoya sur le champ dans leurs escadrons ces servants dévoués du clysopompe dont la principale occupation était de jouer aux cartes et aux dominos et surtout de troubler le repos des malades par leurs brimades et leurs bruyantes discussions.

Quand le médecin-major eut connaissance de cette intervention, il sentit sourdre en lui une vive colère et sa main eut comme une velléité de tirer du fourreau de cuir où il dormait à tout jamais, dans un lit de rouille et de poussière, son pacifique et doctoral coupe-choux.

Il jura ses grands dieux de ne tenir aucun compte de la mesure prise par le colonel, esclandre qu'il considérait comme un empiètement sur ses prérogatives de chef de service, et passa outre avec le plus parfait sans-gêne en conservant à l'infirmerie, **comme malades**, les soldats qu'on lui refusait comme infirmiers.

L'amour-propre d'Esculape triomphait une fois de plus en la personne d'un de ses disciples. Mais celui-ci ne pouvait pas, en tous cas, se flatter d'avoir le premier mis en pratique ce truc naïf de praticien vexé. Son prédécesseur, célèbre dans la garnison par ses fredaines et ses bévues de retour d'âge, avait, certes ! fait mieux encore que lui.

Amateur passionné de la belle nature et de ses chatoyantes manifestations, il n'avait pas rêvé moins que de faire d'une cour au sol inculte, attenante à l'infirmerie régimentaire, le plus délicieux des parterres fleuris.

Seulement, si l'emplacement nécessaire à la réalisation de cette entreprise était tout trouvé, il manquait, en plus de terre végétale, des outils et des bras expérimentés pour les manœuvrer. Pour la terre et les outils ,... rien de plus facile. **La masse noire de l'infirmerie** (*) , — tout le monde dans l'armée a sa masse plus ou moins noire, — était indiquée pour en procurer. Quant aux bras ?...

Soudain, une idée lumineuse, une idée de médecin-major, embrasa son fécond cerveau. Il fit appeler son ordonnance, confident de toutes ses pensées et lui tint à peu près ce discours :

— Tu passeras ce soir, après la soupe, dans

(*) Les ressources de la masse noire de l'infirmerie proviennent d'une entente tacite entre le médecin-major et la cantinière pour le réglement de compte de la nourriture des hommes en traitement. Le médecin-major porte, par exemple, sur ses bons, dix portions et ne s'en fait délivrer que deux : la cantinière reçoit le prix de ces deux portions et signe un reçu de dix. Le médecin-major, qui reçoit des escadrons ou des compagnies un versement pour dix portions, empoche la différence... pour l'entretien de sa masse noire, et les militaires en subsistance à l'infirmerie se calent les joues avec un bol de bouillon et serrent leur ceinturon d'un cran.

toutes les chambrées du régiment. Tu tâcheras de me trouver trois ou quatre bons jardiniers et tu leur diras de se faire porter malades demain.

Le lendemain, à l'heure de la visite, le médecin-major eut la douce satisfaction de constater une notable augmentation du nombre habituel de ses clients. Son ordonnance avait compris ses ordres et accompli au mieux sa pittoresque mission.

Le défilé aussitôt commença :

— Qu'avez-vous ?...

— Monsieur le major, j'ai mal à la poitrine, j'ai toussé toute la nuit.

— Tirez la langue, toussez.., crachez !!! Peuh ! ça ne sera rien. Exempt de bottes !... Et vous, qu'est-ce que vous avez ?..

— Monsieur le major, j'ai des coliques depuis hier matin. Je peux pas rester deux minutes... tranquille.

— Exempt de cheval et papier Rigolot...Allez ! Et vous ?..

— Moi, Monsieur le major, c'est que nonobstant je suis..., je suis...jardinier...

— Vous êtes jardinier !!! A l'infirmerie !!!!

La visite médicale, ce jour-là, s'acheva dans une bruyante hilarité, après quelques incidents du même genre et une demi-douzaine de jardiniers du cru eurent encore les honneurs de l'infirmerie. Par contre, de pauvres bougres à bout de forces se virent contraints de reprendre leur service avec la réconfortante perspective d'aller passer plusieurs nuits au *clou*, pour n'avoir point été reconnus malades.

Quoi que cette anecdote ait d'excentrique, je puis en certifier l'absolue authenticité, car j'en fus moi-même le témoin. Ce même médecin-major conserva en observation à l'infirmerie, **pendant plus de dix-huit mois,** des hommes qu'il supposait atteints de pelade. Ces malades en parfaite santé, qui se prêtaient d'ailleurs de fort bonne grâce à leur rôle de pestiférés du cuir chevelu, se montraient particulièrement dévoués au service de l'infirmerie régimentaire et, à l'entretien des massifs et des allées de son fameux jardin. Seulement, la nuit venue, la nature chez eux reprenait ses droits et, au risque de contaminer toute la garnison, ils sautaient le mur et se répandaient en ville dans les cabarets borgnes et les maisons d'utilité, doublement publiques, tous établissements haut cotés dans les annales de la vie militaire.

Pour terminer ce chapitre, je parlerai d'une institution que j'ai pu étudier de près et dont le clergé s'est fait une arme de propagande contre le régime républicain et un instrument de torture et d'assouplissement de la liberté de conscience. J'ai nommé les **hopitaux mixtes** ou **hospices militarisés**.

Celui de ces établissements que j'ai vu fonctionner dépend d'un hospice célèbre réputé pour ses vins et propriété d'une congrégation fort riche et plus intrigante encore. Si l'administration militaire, toujours indulgente et flatteuse pour tout ce qui touche au clergé, proclame que le service y est irréprochablement fait par un personnel de religieuses dévouées et pleines d'expérience, ce que cette administration ne dit pas, c'est que la discipline qui règne dans les salles est, au point de vue religieux, d'une rigueur et d'une intransigeance farouches.

Pendant que le médecin-major chef de service prend part aux divers gueuletons offerts par l'administration de l'hospice et donne son appréciation sur les vins fins qu'il déguste, le personnel religieux, entre la pose d'une ventouse et l'application d'un cataplasme, passe en contrebande ses exhortations à la piété et exerce, par tous les moyens, une pression obsédante et tenace sur la conscience des militaires en traitement.

Les sœurs infirmières annoncent à grand fracas dans les salles l'heure des offices et des
prières et font comprendre hypocritement aux
intéressés qu'une abstention, même motivée, serait prise en mauvaise part. Comme les malades
savent pertinemment que toute tentative de résistance aurait pour conséquence l'**expulsion de
l'hospice avant leur rétablissement complet**
et la privation de congés de convalescence, ils
préfèrent se soumettre que protester. Souvent
il arrive que des hommes auxquels le médecin
a fait défense formelle de quitter le lit, se lèvent
sur l'invitation des sœurs pour assister à la
messe ou aux vêpres du dimanche. Ces dames,
il est vrai, font bien les choses, ne marchandent
ni les récompenses, ni les encouragements et pro-
diguent mille attentions délicates aux soldats qui
se dépensent en génuflexions et en marmottages
de psaumes pieux.

Les jours de grande cérémonie, avec défilé
dans les salles, de l'état-major de la congrégation, curé en tête et toutes bannières déployées,
les sœurs, si elles sont satisfaites de la soumission
et de l'humilité des soldats en traitement, ne
regardent pas à une ration de vin supplémentaire
et à l'addition au menu quotidien d'un plat de

choix convenablement sucré. Cela, certainement,
part d'un bon naturel et nous nous garderions de
protester contre cet agréable surmenage imposé
à des estomacs que taquine trop souvent la diète,
si ce régime n'était appliqué d'une façon tout à
fait arbitraire et si, à côté des soldats pieux que
les nonnes empiffrent, il n'était quelques indé-
pendants qu'on laisse presque crever de faim.

Mais, cette propagande par le fait n'est pas
la seule employée pour la purification des âmes
et la rémission des péchés de caserne : le livre et
la brochure sont également de puissants leviers
pour la corruption cléricale entreprise dans ces
sortes d'hôpitaux. Comme aucun contrôle officiel
n'est exercé, de peur de froisser l'amour-propre
d'un clergé susceptible, la congrégation en profite
pour glisser entre les mains des malades toutes
sortes de brochures et de livres qui sont une
double offense à notre patriotisme et à nos
convictions républicaines.

Plusieurs de ces écrits m'ont passé par les
mains et ce n'est pas sans étonnement, ni indignation que je les ai parcourus. Ce sont, en majorité, des relations plus ou moins fantaisistes
de la guerre de 1870, par des capucins à trois poils
qui, à cette époque, sans doute, avaient mis pru-

demment plusieurs bras de mer entre eux et les envahisseurs. Les auteurs de ces livres, où la partialité et la haine suintent entre chaque ligne comme une bave de reptile, s'appliquent patriotiquement à passer sous silence tout ce qui nous auréola dans la défaite, pour ne présenter au lecteur que les côtés les plus funestes et les plus louches de cette malheureuse campagne.

Bien mieux, plusieurs de ces écrivains en froc, qui prennent décidément leurs fidèles pour de parfaits imbéciles, donnent sentencieusement, comme cause de nos revers, « **une vengeance de Dieu,** » qui avait résolu de nous punir ainsi de... « **notre attitude envers le Vatican.** » C'est tout juste si ces saints hommes n'applaudissent pas des deux mains à notre ruine et n'entonnent, en manière d'alléluia, l'apologie de leurs bon amis, les Prussiens.

Voilà les publications que nos soldats ont entre les mains dans les hôpitaux militarisés !..... Si, avec ces turpitudes, ils ne régénèrent pas leurs qualités guerrières, c'est à désespérer de voir se lever jamais l'aurore de la fameuse revanche.

Remarquez bien que je n'exagère pas du tout et que je ne pousse aucunement la situation au noir. Je possède par devers moi, une brochure, assez ignorée d'ailleurs, qui figure au catalogue de la bibliothèque militaire de l'hospice dont je parlais plus haut et dont une seule citation suffirait, comme vous pourrez en juger vous-mêmes, pour dissiper tous les doutes et faire taire toutes les protestations.

Cet opuscule dont l'allure honnête traduit surtout le jésuitisme a pour titre : *Changarnier*, et pour objet, cela va s'en dire, la glorification de la boucherie humaine et l'approbation sans réserve de ce genre d'actions d'éclat qui illustrèrent, sur cette même terre d'Afrique, les précurseurs de Voulet et Chanoine *pro ecclesia et civilitati*.

Oyez plutôt, lecteurs, comme aurait dit l'illustre Salis :

La race se fait rare de ces hommes qui font taire un calomniateur en disant :

« Je m'appelle Changarnier, Canrobert ou Charette... »
On ne voit pas que la République, même aimable, ait souci de les remplacer quand la mort les délivre des spectacles contemporains.

Maintenant, en passant, enregistrons ce piquant aveu :

Changarnier, nommé lieutenant, fit la campagne d'Espagne. On sait qu'il s'y distingua, mais comme on peut le faire dans un grade où les occasions de se poser en héros manquent habituellement.

Hein, est-ce assez clair et naïf ? Ce lieutenant qui ne trouve pas *l'occasion de se poser en héros!*... Ça revient à dire, si je ne m'abuse, que dans l'armée il y aurait beaucoup moins de héros que de tartarins qui *se posent en héros* et que cette dernière et unique catégorie de héros n'est-elle encore accessible qu'aux grosses légumes qui se font mousser dans leurs bulletins de victoire ou, comme Marchand, dans leur journal de route.

Mais, poursuivons sans trop de digressions, car cette brochure de bibliothèque militaire est vraiment intéressante :

Changarnier était profondément dévoué à la dynastie d'Orléans. Il aimait les princes parce qu'il était impossible de ne pas les aimer. On conçoit qu'avec de pareils sentiments il devait tenir en médiocre estime les hommes qui chassaient les princes pour se mettre à leur place. Et puis le souvenir de la première République n'était guère de nature à lui faire accepter d'enthousiasme un second essai de ce funeste régime...

Attrape ça, Marianne !...

Se voir destitué par des Crémieux et des Garnier-Pagès et offrir son sang à une République qui brise tout ce que vous avez adoré et ne vous rend que des avocats, n'est-ce

pas du patriotisme ?........ Il y avait encore, dans cet incomparable pays de France, des hommes capables de mou-
rir, parce qu'il plaisait à des malandrins incapables de les
envoyer à la mort.

Toujours extrait, n'est-ce pas, d'une bibliothèque militaire et au nom du profond respect
de nos officiers pour les institutions républicaines.

Poursuivons-donc :

Ce n'est pas le moindre dégoût de ce temps, fertile en
insolences immondes, que de voir ces pures gloires de
notre armée livrées en proie à d'ineptes cacographes.

Et avec ces pures gloires de notre armée,
toutes les autres puretés du militarisme. Sans en
excepter sans doute les conseils de guerre, leurs
sentences irréprochables et les arsenaux très
humains de Biribi et autre lieux.

Maintenant, dans le feu de ses âneries, l'his-
torien de Changarnier s'emporte :

En 1848, on ne connaissait pas le pétrole (¹) On pillait,
c'est besogne républicaine. Mais on respectait encore quelque
chose, Non que les républicains de ce temps-là ne fussent
pas déjà tels qu'on les a vus plus tard, mais ils étaient en
petit nombre.

Je crois avoir suffisamment démontré l'esprit

(¹) L'automobile non plus.... Heureux temps !....

de cette propagande et de cette éducation cléricales dont nos institutions militaires sont cimentées pour arrêter *au pétrole et au pillage: besognes républicaines*, les citations que je vous avais promises. D'ailleurs, si vous y tenez beaucoup, achetez la brochure: *Changarnier*. Vous trouverez à la même librairie, comme j'ai trouvé d'ailleurs dans la même bibliothèque militaire:

Les trois formules de Saint-Augustin.

La Carmélite.

La voix de la cloche.

Rien de plus pieux et de plus poétique, ajoute l'éditeur.

Ces trois ouvrages, du même auteur, un quelconque Edmond ou Ernest Vial.

Et vous croyez qu'un salubre coup de torchon sur ce pacte puant et criminel que Jaurès, dans un bel élan de lucidité, a si justement qualifié, « l'alliance du sabre et du goupillon » serait de trop en notre doux pays de France?...

Le joug militaire est assez tracassier et assez insupportable par lui-même, pour qu'il ne comporte plus à l'avenir l'assujettissement des âmes aux corvées cléricales et l'aliénation absolue du soldat aux frères prêcheurs et aux jésuites, pas plus d'ailleurs qu'à tous autres cléricalismes.

Je doute, par expérience, que, de longtemps
encore, nous ne trouvions un réformateur assez
libre, assez sincère, assez courageux, pour passer,
enfin ! de l'expectative à l'attaque, des promesses
aux actes, dans la lutte, conduite si platonique-
ment jusqu'ici, contre les menées du clérica-
lisme.

Mais, si ce libérateur devait, un jour, nous
être accordé par les destins, je souhaiterais qu'il
se rendît compte sérieusement de la situation
morale du soldat et qu'il vît si, à l'éducation cléricale en honneur dans l'armée, il ne serait pas
préférable de substituer un régime plus en rapport avec les justes prétentions d'une démocratie vraiment républicaine et libre.

V

———

Le clergé et l'armée. — Les cercles catholiques militaires. — Le but de ces institutions. — Propagande dangereuse. — Haut patronage des cercles catholiques militaires. — L'anathème d'un capitaine-commandant. — Intervention nécessaire.

Puisque nous avons examiné, sur la fin du chapitre précédent, un des côtés de l'envahissement du clergé dans nos institutions militaires, nous ne saurions mieux choisir, pour faire suite à ce sujet, que de parler des cercles catholiques tout-puissants dans les villes de garnison où ils trouvent, pour la réalisation de leurs besognes, protection, aide et encouragements des chefs de corps inféodés à l'Eglise.

Tous nos lecteurs savent-ils ce qu'est exactement un cercle catholique militaire ?... Non, n'est-ce pas !... Cette appellation quasi-officielle surprend, en effet, au premier abord.

Eh bien ! les cercles catholiques militaires, pour ceux qui ont étudié de près leur fonctionnement et surpris leur influence décisive, sont l'institution la plus louche et la plus dangereuse dont le clergé, d'accord avec le militarisme, nous ait encore dotés.

C'est la main-mise, sournoise mais absolue, sur la possession et l'orientation morales du soldat avec le consentement, l'appui et la complicité de l'autorité militaire.

Les cercles catholiques militaires ont fait parler d'eux bien des fois et il serait long d'énumérer tous les scandales auxquels ils ont donné lieu. Quelques-uns de leurs chauds partisans prétendent qu'il sont autorisés, sans fournir, d'ailleurs, aucun texte à l'appui de leurs affirmations. En réalité, ils ne le sont aucunement et jouissent seulement d'une simple tolérance que leur accordent avec bonheur leurs affiliés de la haute armée.

Ce qui est certain, par exemple, c'est qu'après différents assauts, supportés victorieusement grâce aux protections puissantes et au secours non déguisé de hautes personnalités militaires, les cercles subsistent toujours et, sans être trop inquiétés, agissent directement sur le soldat par le livre, la brochure, les journaux, l'association, les réunions clandestines et la conférence, ou, plus exactement, la messe-conférence.

Bien peu nombreuses sont les villes de garnison où il n'existe pas un et plusieurs cercles catholiques militaires, tous fort bien organisés pour le but qu'ils poursuivent, ayant salles de réunion, bibliothèque, salles de billard, de lecture, chapelles et dépendances.

Chacune de ces officines tient à jour minutieusement des états annotés de ses membres actifs, honoraires, correspondants, ainsi que des tableaux d'honneur bien en vue où s'étalent les noms redoutés des protecteurs, donateurs et donatrices de l'œuvre.

Les cercles, en outre, correspondent entre eux, se communiquent tous renseignement utiles, échangent les lettres de protection dont leurs membres peuvent avoir besoin, signalent, enfin, les soldats affiliés qui changent de garnison et qui ne peuvent se soustraire ainsi à l'obligation de fréquenter les cercles.

Il est de rares exemples que ces institutions, qui étendent leurs ramifications sur toute la France, ont des tenants et des aboutissants partout, aient été inquiétées d'une façon sérieuse.

Pendant notre carrière militaire, il nous a été donné de pouvoir étudier le fonctionnement d'un cercle catholique et surtout de nous rendre compte de la portée décisive de son influence. Après une longue période d'existence heureuse et toute puissante, ce cercle, à la suite de la retraite d'un colonel qui l'avait chaudement patronné, fut mis à l'index par son successeur qui le consigna à la troupe et menaça de punitions rigoureuses les soldats qui le fréquenteraient malgré son interdiction.

Cette mesure radicale, mais parfaitement justifiée, ne manqua, comme bien on pense, de soulever les plus vives critiques de la part des nombreux officiers qui soutenaient ouvertement cette œuvre, dont ils s'étaient fait les enthousiastes pourvoyeurs. Bon gré, mal gré, cependant, il fallut se soumettre, et le cercle en question fut obligé de fermer boutique et de réserver pour des temps meilleurs les multiples ressources de sa propagande.

Ce ne fut pas sans un profond dépit et sans rechigner comme un bon diable, que le curé, fondateur de cette œuvre, supporta la brusque déconfiture d'une entreprise si florissante. Le bon abbé ne pouvait oublier, hélas ! qu'au temps béni

de la prospérité de son cercle, il était tout puissant dans les conseils de la garnison et avait voix
prépondérante au chapitre.

Il se souvenait avec amertume que, **pour la
nomination des brigadiers et des sous-officiers**, ses indications et son choix avaient toujours prévalu sur toute autre considération. Sa
protection, alors, était recherchée par tous et la
clientèle de son cercle compacte et soumise.

Maintenant, triste retour de l'ingratitude d'ici-
bas, il se retrouvait seul pour recevoir ce croc-en-
jambe injurieux, et ceux-là mêmes qui lui devaient le plus, étaient les premiers à tourner en
dérision et sa personne et son institution.

Dans cette déchéance fortuite, l'abbé pouvait
se flatter, cependant, d'avoir eu, au cours de son
règne, d'exceptionnels contentements. Il avait vu,
sous les voûtes décrépites de l'antique église dont
il était le desservant, **tout un régiment**, officiers en tête, venir se prosterner, et prêter à ses
éloquentes tirades contre « les temps et l'esprit
nouveaux, » une oreille respectueusement atten-
tive.

C'était pour fêter Jeanne-d'Arc, « protectrice
de nos armées, » qu'il avait convoqué, en ce sanctuaire, le ban et l'arrière-ban de la garnison.

Mais, si nombreux étaient ceux qui avaient docilement répondu à son appel, ce succès en revenait, en grande part, aux compères dévoués et complaisants qui avaient battu la caisse, avant la cérémonie ; au colonel qui y avait invité ses hommes **par la voix du rapport ;** à tous les officiers que cette manifestation comblait d'aise; enfin et surtout à ce capitaine-commandant fanatique, élevé sous les jupes de quelque bigote hallucinée, qui, pour la circonstance, avait réuni son escadron **au complet,** — les employés, ce jour-là, ne furent pas exempts de ce service, — et s'était adressé à ses hommes en ces propres termes :

— Mes amis, demain a lieu, à l'église de Saint-N..., une messe dite en l'honneur de Jeanne d'Arc. Je ne **vous force pas** à y assister, parce que **je ne le puis pas** ; mais je considérerai comme des **barbares,** comme des **brutes,** comme des gens **sans âme,** ceux qui s'abstiendraient.

Ce digne orateur de la chaire et de la chair à canons, poussa même l'impertinence jusqu'à donner des **ordres formels** pour que les hommes de son escadron fussent conduits, **sous la responsabilité des brigadiers,** à cette belle manifestation réactionnaire.

Ces faits, authentiques en tous points, démontrent surabondamment qu'il est de toute nécessité d'exercer sur nos fonctionnaires militaires une surveillance des plus étroites. Un pays affranchi qui veut vivre hors la tutelle du sabre, doit être assuré du dévouement et de la fidélité de tous les mercenaires qu'entretient grassement son budget et établir, en conséquence, un contrôle sérieux et efficace **sur les actes et les opinions** de ceux qui s'engagent à le servir, souvent pour faire naître plutôt l'occasion de le trahir.

La République ne saurait être dupe d'un faux sentiment de libéralisme. Il est naturel, urgent et indispensable qu'elle donne à ses soldats des chefs républicains et qu'elle élimine impitoyablement des cadres de son armée les transfuges des partis qui la combattent.

Que savons-nous véritablement des tendances et de l'esprit de corps de tel ou tel régiment ?... Rien !... Ou, seulement, ce que daignent bien nous en faire connaître les faux-nez qui les commandent.

Il convient mieux, en réalité, de répéter souvent que, si les cadres de notre armée ont suivi les évolutions du progrès scientifique, au point de vue des idées ils sont restés enracinés dans un milieu hypocrite et suranné, dangereux pour un régime qui marche de l'avant et brûle courageusement les idoles.

Il y a bien, je le sais, l'adage qui proclame qu'un soldat ne doit pas s'occuper de politique. Malheureusement l'Histoire est là pour nous en démontrer la fausseté.

Outre d'ailleurs que ce fameux principe n'est mis en pratique ou respecté par aucun des intéressés, il est évident que le soldat, j'entends par là, la grosse légume galonnée, a tout intérêt, au contraire, à s'occuper de politique et à faire naître des incidents dont il pourrait profiter.

Et puis, quelque situation qu'un homme occupe, soumis à l'influence de son éducation ou de ses relations, peut-il résister à la tentation de jouer les petits Bonaparte, quand l'occasion se présente d'un 18 Brumaire ?...

Pour nous il importe que le gouvernement, soucieux de ses intérêts et de notre sécurité nationale, se préoccupe au plus haut point d'exiger de tous ses fonctionnaires militaires, petits et grands, une orientation politique sans équivoque et un attachement inébranlable à la République et à ses institutions.

A ce prix seulement nous pourrions être assurés que l'armée ne sortirait pas de son rôle, en temps de paix, qui est tout d'expectative et de neutralité passives, pour donner le signal de l'émeute et de la rébellion ; pas plus que ses chefs, tous fils du peuple et républicains de race, n'iraient grossir, en temps de guerre, les rangs des traîtres de l'armée de Condé.

VI

De toutes les figures de rhétorique, on peut
dire que la comparaison est une des plus usitées
et des plus précieuses. Il serait difficile, je crois,
de se priver de son concours pour soutenir une
thèse quelconque et son emploi nous est tellement
familier qu'à chaque instant nous avons recours
à elle, dans le livre, comme dans la conversation.
Il n'est pas étonnant, dans ces conditions, que
l'armée, qui tient dans notre existence une place

très encombrante, ait sollicité, sur ce point, la perspicacité des chercheurs d'épithètes.

Tandis que les uns lui décernaient tour à tour leurs éloges, en la baptisant la *Grande famille*, le *Dépôt de l'honneur de la nation*, le *Culte sacré de la patrie*, enfin, quand elle se trouvait embarrassée pour répondre à quelque interrogatoire, la *Grande muette* ou la *Fière persécutée*; d'autres, mieux inspirés, se contentaient de la comparer à un sanctuaire inviolable, rigoureusement interdit au profane, et lui attribuaient, en conséquence, ce qualicatif fort judicieux et que j'adopte pour ma part : **l'Arche sainte.**

L'arche n'est-ce pas, en effet, la réunion dans la même auge de tous les museaux de la création et le mot : sainte, par surcroît, la caractéristique des attaches de l'armée à sa sœur aînée l'omnipotente église ?...

Quand on compare l'armée, cette véritable congrégation du panache, à un fief fermé à tout contrôle et jaloux des allures d'indépendance qu'il s'attribue illégalement, j'estime que l'on est autrement dans la réalité des choses, qué lorsqu'on ose appeler cette coterie rebelle de la tyrannie et de la vanité, de cette hypocrisie: la *Grande famille.*

Il fut un temps où la nation, parlant un peu moins de ses droits et les exerçant davantage, avait institué, par la création des représentants du peuple aux armées, la nécessaire intervention dans tous les actes militaires du contrôle efficace de l'Etat. La République affiche bien toujours les *Droits de l'homme*, mais, en revanche, elle laisse l'armée complètement libre de tourner en dérision ces autres *Droits* qui sont ceux de la nation.

Quelle garantie avons-nous actuellement du parfait fonctionnement et du bon esprit de notre organisation militaire ?.... Cette grotesque comédie de voir **l'armée controlée par elle-même**, c'est-à-dire par un censeur enclin et surtout intéressé à couvrir toutes les faiblesses de son troupeau, à démentir imperturbablement ses fautes et à cacher soigneusement ses tares.

C'est dans cet ordre d'idées naturellement que furent créées et que fonctionnent les inspections. (*) Il semble qu'elles sont faites pour favoriser l'exercice de la surveillance des grands

---

(*) Le général André, un ministre de la guerre qui comprend les réformes à sa façon, a rendu plus ridicules et plus stériles encore les inspections, en supprimant les emplois de généraux inspecteurs et en confiant aux chefs directs des corps de troupe le soin de le renseigner.

chefs sur les corps de troupe dont ils ont la garde : en réalité, ces formalités leur permettent seulement de nous tromper effrontément sur notre situation militaire et de proclamer sentencieusement qu'il ne manque pas un bouton de guêtre... aux soldats qui n'en portent point.

Les inspections sont, dans tout régiment, le grand évènement de l'armée, la *great attraction* de la foire militaire. C'est l'inventaire qui doit révéler la situation bonne ou mauvaise; la répétition générale qui fait s'apercevoir des défauts de l'œuvre; le galop d'essai qui fait présager des moyens d'action d'un coursier ; l'épreuve, enfin, qui garantit la force de résistance d'une chaudière.

Il faut voir, aussi, avec quelle activité, quelle fièvre, quel délire, tous se préparent à affronter ce terrible examen...de famille, d'où vont sortir l'avancement pour les officiers bien rentés et apparentés et l'attente, la perpétuelle attente pour ceux qui répugnent aux intrigues, aux bassesses et aux compromissions.

---

sur le degré d'instruction et la valeur des effectifs sous leurs ordres. On conçoit que les colonels, généraux de brigade et commandants de corps auront, moins que tous autres, la naïveté de dire à la nation : « Vous m'avez confié vos enfants pour en faire des soldats, j'agis de mon mieux pour vous rendre des buses. »

Avant tout, pour les gros malins, la question
la plus importante est de connaître la marotte du
préposé à l'inspection. Ce personnage s'attache-
t-il à la voltige, à la gymnastique ; exige-t-il que
l'équitation soit enseignée avec un luxe de détails
digne d'un cours de sous-maîtres ou d'une écu-
yère de haute école ; veut-il du combat à pied ;
quelles sont ses idées, sa manière de voir en matière de manœuvre et de service en campagne ;
comment veut-il que les cavaliers sanglent leurs
chevaux et les fantassins leurs abdomens; est-ce
un forcené de l'astiquage ou un fanatique des
bretelles courtes ?... Car, il faut bien le dire, un
inspecteur quelconque ne se met pas, précisément, en tournée pour s'assurer que tel ou tel
régiment est instruit et prêt à entrer en campagne. Non !... il vient surtout pour exposer ses
doctrines, défendre ses idées et les faire préva-
loir. Son prédécesseur voulait ça, lui exige autre
chose et son successeur viendra qui se décla-
rera partisan d'un troisième système.

Mais fichtre ! il y a un règlement et qui, ma
foi, n'est pas si détestable, puisque personne encore, pas même les réformateurs les plus turbu-
lents, n'a pu trouver mieux. Pourquoi, ce règlement, ne le suit-on pas en tout et pour tout, au

lieu de le maquiller au point de le rendre mécon-
naissable ?... Pourquoi, au lieu de s'y conformer
purement et simplement, va-t-on, avant d'agir
et par basse flatterie, prendre l'avis de Pierre et
de Paul, lors même que ce Pierre et ce Paul ont
la plume blanche au bicorne et une réputation de
généraux hors pair, que leur ont faite, à tant la
la ligne, des gazettes militaires rédigées par des
capitaines d'habillement et des portiers-consigne
en retraite ?...

Avec ce système, on ne fait rien de bon. Et
pourquoi ?... Parce qu'on en arrive à enseigner
une seule chose de dix façons différentes ; que
l'on discute à perte de vue sur un point insignifiant d'exécution pour ne pas obtenir de résultat
meilleur ; que l'on recherche une perfection de
détails que, pour cent mille raisons, on sait
ne pouvoir pas obtenir ; enfin, parce que l'on
perd un temps précieux à mettre debout des ba-
livernes qui n'ont rien à voir, que je sache, avec
l'idéal de l'instruction militaire : **la préparation à la guerre**.

Un général inspecteur ne fera vraiment !
œuvre utile qu'autant qu'il restera strictement
dans son rôle qui est de se rendre compte des
résultats obtenus, d'exiger un maximum d'efforts

de la part de tous et de relever les fautes en ne s'inspirant que du règlement et non de ses vues personnelles. S'il ne se soumet pas aux indications de ce programme, c'est qu'il ne se rend compte en aucune façon du but précis de sa mission, qui est de juger ce qu'il voit, non de prôner ce qu'il lui eût plu de voir.

Que diriez-vous d'un examinateur qui demanderait à un candidat ce qu'il pense de la Révolution et qui, sans lui donner le temps d'ouvrir la bouche, se mettrait à lui raconter ce qu'il en pense lui-même et l'enverrait asseoir avec la mention *Très bien ?*..... Le général inspecteur qui s'attache trop à mettre en lumière ses connaissances et ses idées donne, sans en douter, dans le même travers.

A l'approche de l'inspection, il y a, comme nous l'avons vu, branle-bas de combat. C'est que, souvent, la tâche est rude et le moment des plus critiques. Il faut repasser en quinze jours l'instruction péniblement apprise au milieu des difficultés d'un hiver souvent rigoureux, la corriger, la compléter et enfin lui donner par le travail d'ensemble le vernis indispensable au couronnement de toute œuvre.

L'officier fait alors, **mais alors seulement**, son

apparition officielle. Il vient presque régulièrement au quartier et est censé prendre en mains, pour la durée de la période d'inspection, la direction effective de son peloton. Dans les bureaux règne une activité fiévreuse : on met les comptes à jour, les livrets des officiers et de la troupe en état ; on amoncelle paperasses sur paperasses ; on noircit des monceaux de papier. C'est la grande consécration de la routine administrative.

Dans les ateliers du corps, on fait preuve d'un peu moins de zèle pour satisfaire aux commandés de l'extérieur et l'on consent enfin aux réparations urgentes réclamées par les escadrons. Le quartier fait sa toilette des grands jours : un dernier coup de pinceau est passé à la hâte dans tous les coins et recoins du casernement : le matériel est rafistolé, les parquets sont cirés, les vitres lavées ; tous les effets non règlementaires, cela va sans dire, disparaissent comme par enchantement dans les combles. Enfin le moment décisif arrive : chacun prend sa place dans ce décor flambant neuf, qui transpire malgré tout la bousculade et l'installation précipitée. La pièce est prête : « Au rideau ! »

Toute inspection qui se respecte, commence inévitablement par la présentation des cadres, du régiment. Tous les officiers, rasés de frais, la moustache en croc, la bouche en c...œur de poule, les uns sanglés dans des uniformes immaculés, les autres dans des dolmans fanés remis à neuf pour la circonstance, sont rangés, suivant un ordre protocolaire, dans la cour d'honneur du quartier.

Le général passe, escorté du colonel et d'officiers d'ordonnance excentriques et chamarrés. Il met leur nom sur des visages connus ou entrevus aux hasards de la vie mondaine et se fait appeler par ses gardes du corps les têtes qui ne lui reviennent pas et celles qui lui sont étrangères.

Là, hélas! se manifestent déjà les pénibles coups d'épingle du favoritisme : les noms à particule sont trop honorés, sous notre régime républicain, pour ne pas comporter une mention toute spéciale, et ce général, homme de race ou rasta, ne manque, comme bien on pense, de sacrifier à cette considération dangereuse.

Tel officier est fils ou parent d'un personnage en vue ; tel autre est chaudement recommandé ou marque sa domesticité: valets, chevaux, ordonnances et chiens, du sceau infamant de ses armoiries exotiques ; ils ont les honneurs d'interrogations aimables, qui ne peuvent que froisser,

à juste titre, les susceptibilités de camarad
d'origine plus obscure, mais cent fois souve
plus capables et plus méritants.

Cet examen terminé, je devrais dire : cet
sélection faite, le général remercie, les offici
rompent leurs rangs, se dispersent par peti
groupes, se transmettent leurs impressions et h
sardent quelques niaises appréciations sur la qu
lité des graines d'épinards qu'ils vont avoir
déguster.

Les plus documentés, eux, citent des anecdot
insinuent qu'ils ont des tuyaux, roucoulent qu
ques histoires scabreuses et débitent,
leurs camarades les sollicitent, quelques m
gaux de ce goût qui, affirment-ils, obteu
Saumur, un franc et légitime succès.

> Masslet, le beau Masslot, ami de l'ordonnance,
> Introduisit la règle et le cheval en France.
> Si vous voulez un bon avis :
> Sa femme reçoit le mardi.

La cérémonie de la présentation des cad
accomplie de telle façon que je viens de
crire, l'inspection proprement dite
ritablement. Le général, maintenant, suivan
programme arrêté, va fouiller le casernem
la cave au grenier, fourrer son nez partout

les magasins, les chambrées, les latrines, les écuries, les cantines, les ateliers, pour s'assurer que rien ne manque, que tout est parfaitement organisé, que tout est prêt, en un mot, pour faire face... au point d'interrogation menaçant qui se dresse à l'horizon .. surtout sur les fins de banquet où les harangues patriotardes sévissent.

Il verra dans les magasins du corps le harnachement, l'habillement, l'équipement, l'armement, les munitions, les vivres de réserve, tout ce qu'il faut pour mettre sur pied active, réserve et territoriale. Les préposés à l'inspection ont même vu sans étonnement, dans ces fameux magasins de corps, depuis un temps immémorial, des harnachements de tous les modèles, que l'on conservait religieusement, comme des reliques, sous une respectable couche de graisse, pendant que les harnachements neufs étaient mis en service. La circulaire ministérielle qui mit fin à cet abus, à ce gaspillage, qu'aucun chef de corps, aucun général ne révélait, est vraisemblablement de date encore récente.

Je n'étonnerai personne en affirmant que cette circulaire a soulevé parmi les chefs de corps et les officiers une tempête de protestations impératives. Dans la cavalerie surtout, ce réceptacle des fils à papa, on comprend que des mesures économiques soient considérées comme une atteinte au prestige de l'arme. On se complait dans ce corps d'élite au luxe et aux dépenses excessives que le sale pékin est solide pour payer. Or vous admettrez bien que monter un régiment avec des selles de différents modèles est une injure à l'art et à l'uniformité. Peu importe de saigner le budget de la guerre, le contribuable est assez naïf pour que son porte-monnaie soit chauvin.

Telles étaient les bonnes raisons qu'on opposait à cette mesure, qui ne fut observée et qui n'est toujours observée d'ailleurs que d'une manière très imparfaite, puisque pour les prises d'armes et les manœuvres, circonstances éminemment favorables à l'usure du harnachement, on utilise toujours les selles et accessoires des derniers modèles livrés.

Quand il visite les magasins particuliers des capitaines-commandants, le préposé à l'inspection examine la **tenue de guerre** irréprochablement empilée par catégories d'effets. Dans la cavalerie légère on lui exhibe des bottes dont les dimensions et le poids font bien augurer de l'aisance exemplaire avec laquelle peuvent se mouvoir les cavaliers qui en sont chaussés et qu'un ironique illogisme veut qu'on dénomme des « cavaliers légers. »

De cette tenue de guerre, nous ne parlerons pas. On ne saurait trop s'incliner devant la prévoyance des grands chefs. Cependant nous dirons en passant qu'il serait désirable de réformer au plus tôt les pantalons de cheval qui blessent les cavaliers et les alourdissent et de les remplacer définitivement, au fur et à mesure de l'épuisement des stocks, par la culotte et la jambière.

Je sais que cette transformation utile est en voie de réalisation. Malheureusement, comme il fallait inévitablement s'y attendre, la logique militaire ne perdant jamais ses droits, c'est par la grosse cavalerie et la cavalerie de ligne que cette réforme a débuté. Il eût été trop simple d'en doter d'abord la cavalerie légère où le besoin s'en fait le plus vivement sentir et qui par les nécessités mêmes de son rôle doit jouir d'une extrême mobilité.

Continuant ses pérégrinations, le général inspecteur aborde la visite des chambrées où l'astiquage a pondu des merveilles. Il examine les étalages que les hommes ont installés sur leurs lits. Il discute sur le nombre d'aiguilles et de boutons que doit contenir chaque trousse, sur l'emplacement exact des matricules et sur les indications de mesures que des circulaires ministérielles modifient au moins douze fois l'an.

S'il est de bonne humeur, que sa digestion s'est bien faite, il interroge avec une bonhomie affectée quelques soldats que sa familiarité déconcerte. Il s'extasie sur leur bonne mine et leur passe amicalement, sous le menton, l'index tendu de sa main gantée.

Comme les chambrées sont nombreuses, le préposé à l'inspection, suivi d'une bande d'officiers qui courent à ses trousses, active de plus en plus le pas et passe rapidement d'escouade en escouade, de peloton en peloton, de casernement en casernement, salué partout de retentissants : « A vos rangs ! fixe ! » que lancent à plein organe les sous-officiers stimulés.

Aux cuisines, le général, souvent, ne dédaigne pas à goûter au rata et, à l'ébahissement bien compréhensible du gâte-sauce officiel préposé à sa fabrication, ne manque de le déclarer succulent.

Quelquefois, à son entrée dans les écuries, un garde, perdu dans ses consignes et affolé par son apparition, lance aux chevaux que cet appel n'émeut le sacramentel « A vos rangs ! fixe » et,

pour lui rendre dignement les honneurs, obéissant à une impulsion instinctive, lui présente les
armes avec un balai.

L'infirmerie régimentaire, l'hôpital sont également l'objet d'une inspection très anodine qui
vaut aux médecins-majors et au personnel religieux, dont j'ai parlé dans un précédent chapitre,
de chaleureuses félicitations portant principale-
ment,... — on n'a jamais bien su sur quoi !...

Enfin, les différents autres services régimentaires et les bâtiments spéciaux tels : la manu-
tention, les entrepôts du *marchand de puces*, les
manèges, écuries, cantines, mess, ateliers, etc...
n'échappent point aux investigations du général
inspecteur, qui se travestit ainsi en comptable-
ambulant de la grande boutique militaire.

Toutes ces visites, cela se comprend, ne s'accomplissent pas en une seule et même journée
et, entre temps, l'inspecteur se rend compte dans
ses moindres détails de l'instruction des troupes à tous ses degrés.

Aux classes à pied ou à cheval dont l'exécution
en elle-même lui importe fort peu, il se préoccupe
seulement, au plus haut point, du placement
d'une méthode à lui dont il vante l'opportunité

et les avantages et dont il plaide avec chaleur l'immédiate adoption.

Il critique, en conséquence, les dispositions et les prescriptions, d'après lui surannées, du règlement et très consciencieusement les démolit pièce à pièce. Par intermittence, il fait entendre les hauts cris à un détail d'exécution qui froisse ses principes. Il *pousse des colles* aux officiers, aux sous-officiers et aux hommes et leur demande sur un tas de choses insignifiantes, des explications à perte de vue.

Puis, tour à tour, *comediante et tragediante*, il mime la satisfaction, le mécontentement ou la surprise. Un seul point, — oh! des moins important — lui échappe : c'est que des compagnies et des escadrons qui accusent de **gros effectifs** se présentent littéralement devant lui avec quatre pelés et six tondus, y compris les gradés d'encadrement et les officiers, qui, pour la solennité, lancent à tue-tête le moindre des moindres commandements, comme s'ils voulaient faire croire que leurs ordres doivent se répercuter dans des milliers d'oreilles.

Tout comme moi, lecteur, vous estimez que ce serait le cas ou pas, cependant, **d'inspecter** d'un peu près ces troupes squelettes et de s'enquérir des absents ?... Eh ! bien, il paraît que nous sommes dans l'ignorance, l'un et l'autre, des scrupules de la haute armée.

Le préposé à l'inspection se garde comme d'une peste de soulever sur ce point un incident. Il n'est pas si bête de créer des complications qui l'obligeraient à sévir contre les abus qui sont comme le patrimoine de tous les exploiteurs du militarisme, d'autant plus qu'il s'exposerait, du même coup, peut-être, à voir son zèle désavoué par son supérieur hiérarchique, le ministre

Mieux vaut fermer les yeux que rechercher les responsabilités et se créer ainsi des soucis et des tracas inutiles dont la digestion aurait à souffrir. Aussi le général inspecteur ne met-il jamais sur le tapis la question des effectifs et de la scandaleuse pénurie de soldats vraiment instruits ou seulement présentables.

Il ne parle, d'ailleurs, pas plus des conditions absolument défectueuses dans lesquelles s'opère la remonte de notre cavalerie, cause directe souvent de la réduction forcée des effectifs.

On sait combien cette question, cependant, passionne la presse et les politiciens, hélas ! trop peu nombreux, qui défendent les intérêts de nos éleveurs et cherchent à les concilier avec les exigences de notre remonte.

Actuellement les crédits affectés à l'achat de chevaux pour l'armée sont des plus insuffisants. Les commissions de remonte ne peuvent, en conséquence, offrir aux éleveurs et intermédiaires un prix assez élevé, et le plus clair résultat d'une économie budgétaire mal calculée est que tous les bons produits de notre élevage national passent dare dare à l'étranger, particulièrement chez nos bons voisins d'outre-Rhin. Ce que les agents étrangers ont bien daigné nous laisser, devient alors, après achat, la propriété de nos dépôts de remonte.

Ces établissements, selon leurs ressources, envoient un nombre indéterminé de chevaux dans les régiments qu'ils doivent fournir et sans que ces derniers leur fassent part de leurs **réels besoins**.

Je tiens à ce propos à dénoncer un abus dont je n'ai jamais entendu souffler mot par personne, abus auquel donne lieu la réforme des chevaux dans les régiments.

Comme corollaire aux envois de chevaux des dépôts de remonte, il arrive nécessairement, si ces livraisons sont importantes, que les régiments réforment, presque chaque année, quantité de chevaux résistants, bien dressés et susceptibles encore d'un excellent service. Bien mieux, les capitaines-commandants qui font seuls les propositions qui leur conviennent, en dehors, — c'est un comble ! — du **contrôle des vétérinaires**, conservent dans leurs écuries des chevaux usés et incapables de supporter les premières fatigues d'une guerre, parce que ces chevaux s'attellent bien aux omnibus de famille et aux voitures de déménagement de leurs excellences, M. M. les officiers, ou qu'ils galopent sur le bon pied aux exercices de voltige.

J'ai vu vendre d'un seul coup, dans un même régiment, près de trente chevaux réformés, parmi lesquels plus des deux tiers étaient en excellentes conditions et capables de fournir, pendant des années encore, un service pénible et continu. Un de ces chevaux payé 150 francs par un acheteur fut revendu par lui, deux mois après, le prix rémunérateur de 2 500 francs.

Cette réforme à outrance fait que les escadrons actifs de cavalerie, sur un effectif de 150 à 160 chevaux, en possèdent toujours plus de soixante en plein dressage, qui ne connaissent que très imparfaitement la bride, le sabre et le paquetage, et qui, faute d'entraînement, ne résisteraient pas à deux jours d'étape.

C'est encore à ces causes que les pelotons, qui manquent déjà de cavaliers instruits, doivent de ne pouvoir mettre tout leur monde à cheval, pour une manœuvre, sans courir les risques de rentrer au quartier avec des chevaux fourbus et couronnés.

Voilà une situation critique dont personne, dans l'armée, ne semble avoir connaissance et que les préposés à l'inspection se sont bien gardés et se gardent toujours bien de révéler. Il est vrai qu'un abus de plus ou de moins ne peut guère influencer ce niveau constant de l'ineffable routine qu'est en l'espèce le militarisme.

Souvent, au cours d'une inspection, un général ordonne une mobilisation. Cette expérience, qui devrait lui fournir de précieux renseignements sur l'état réel de préparation d'une troupe à la guerre, dégénère presque toujours en simple inventaire des paquetages et en discussion à perte de vue sur la façon, par exemple, de placer les manteaux sur les selles et la jugulaire sous le menton.

De toutes les mobilisations auxquelles j'ai assisté en quatre ans de service, dans la cavalerie,

je peux dire que pas une seule n'a dérogé à ce
petit programme de marchand de mélasse en inventaire.

Les opérations préliminaires exécutées, au
milieu d'un désordre, d'un tohu-bohu indescriptible, qu'il serait facile d'éviter en simplifiant
l'exercice par la suppression d'un tas de détails
dont l'utilité est plus que contestable, le régiment quitte le casernement et se rend sur le
terrain de manœuvre.

Là, il se forme suivant une disposition ordonnée et attend l'arrivée du général... Les honneurs
rendus, celui-ci fait ouvrir les rangs, passe la
revue des paquetages et fait mettre pied à-terre,
après avoir désigné tels numéros dans chaque
peloton pour dépaqueter. Les numéros sortent
du rang, déballent leurs chevaux et installent
en plein ciel un sac de détail, c'est-à-dire tout
leur équipement et celui de leur monture. Le
terrain de manœuvre ne semble plus qu'un vaste
champ de foire que des camelots en uniforme
auraient envahi.

Alors, le général, qui a mis, lui aussi, pied-à-
terre, vient inventorier, tout comme un simple
commis épicier, chaque étalage et se rendre
compte que rien n'y manque et que tous les effets

sont en parfait état. Il s'assure de la solidité des coutures, compte les aiguilles des trousses et les clous des poches à fers, vérifie le matriculage, conteste la valeur des crins d'une brosse et la solidité d'un bouton de culotte et enfin, rassasié de tout ce déballage, remonte à cheval, remercie et s'en va dîner,

Maintenant, que le régiment manœuvre bien ou mal, c'est un détail. Le point essentiel, vous le voyez, est que les lourds paquetages, qui éreintent les chevaux, soient au complet et les effets qui les composent en parfait état.

Cependant l'occasion est unique pour s'assurer véritablement de la situation exacte de ce régiment : les ouvriers, les ronds de cuir, les ordonnances, tous les embusqués sont là au grand complet... Les pelotons, grâce à eux, ont trente et trente-cinq hommes présents, et presque tous les chevaux sont montés.

Que le général prenne donc un peloton au hasard, renvoie même, s'il le veut, tout le reste du régiment et qu'il demande à ce peloton tout ce que l'on serait en droit d'exiger de lui en campagne. S'il agit ainsi, quels vices ne découvrira-t-il pas !

Ce peloton, qui compte, je suppose, 40 hommes

à son effectif, est, tout d'abord, représenté là
par tout ce qu'il a pu mettre à cheval, c'est-à-dire
par une trentaine d'individus au grand maximum.
L'excédent a été désigné pour différents emplois,
puisque, **même à la guerre**, le corps franc des
employés ne saurait être sacrifié aux exigences
du service actif.

Cette proportion de 30 à 40 n'étant pas spéciale
à ce peloton, mais constituant, au contraire, une
moyenne générale, c'est donc par une perte brute
initiale de **25°/₀ des effectifs** que débuterait une
mobilisation. Je ne sais si cette perspective à
l'heur de plaire à nos généraux, mais il est permis
de se demander, non sans anxiété, ce que nous
pourrions, dans ces conditions, opposer réellement aux armées allemandes de **première ligne**
qui comptent environ 800. 000 hommes prêts à
envahir notre territoire 48 heures après la décla-
ration de guerre.

Tous les cavaliers présents sont-ils instruits;
connaissent-ils les misssions qu'il rempliraient en
campagne; savent-ils se servir de leurs armes et
de leurs chevaux d'une manière irréprochable?...
Hélas ! un examen minutieux prouverait vite le
contraire.

Les cavaliers composant ce peloton, qui, dans

son ensemble, se présente tant bien que mal ne connaissent pas, pour la plupart, leurs chevaux, et, les mieux montés, ceux qui possèdent les chevaux les plus dociles, les mieux entraînés et, par conséquent, les plus résistants sont ceux-là mêmes qui pourraient rendre le moins de services en campagne, ceux qui ne paraissent qu'aux prises d'armes et aux inspections, ceux qui ne connaissent du métier militaire que les sinécures, la cantine et les permissions. Quant aux cavaliers instruits, si rares déjà, ils montent les chevaux de dressage, rétifs et délicats, incapables de marcher isolément ou de fournir de longues étapes, et sont, par ce fait, condamnés à l'inaction.

On me répondra sans doute qu'il est tout naturel que les meilleurs cavaliers montent les chevaux les plus difficiles. Oh ! parfaitement. Seulement je demanderai, à mon tour, que l'on veuille bien me dire à quel genre d'opérations militaires pourrait bien être employé, en campagne, un peloton de cavaliers dont les deux tiers ne connaissent rien à leur métier et dont le reste ne peut agir, faute de moyens d'action.

Et, si l'on pousse l'hypocrisie jusqu'à nous demander quel serait, à notre avis, le remède qui pourrait efficacement combattre ces désastreux résultats, nous répéterons encore, après tant d'autres, que ce remède est des plus simples et qu'il consisterait tout bonnement à faire vivre tous les soldats sous les mêmes règlements, le même régime et ne plus tolérer que 75 °/₀ de l'effectif moisissent dans l'ignorance et l'atmosphère corrompue des ateliers, des bureaux, des chambres et antichambres de leurs chefs, pendant qu'un petit nombre de cœurs sincères triment désespérément et endurent avec résignation toutes les misères et toutes les iniquités du sabre, pour soutenir, haute et ferme, la réputation d'un drapeau qu'ils aiment et qu'au prix de leur sang ils ne voudraient voir chanceler.

Si le général, en censeur consciencieux, continuant son inspection de la façon pratique que nous préconisions, s'avisait de faire manœuvrer ce peloton, de lui faire exécuter quelques formations et quelques conversions, quelques marches au galop et, histoire de rire un brin, un simulacre de charge, c'est alors que la scandaleuse, la décevante infériorité de cette troupe lui apparaîtrait dans toute son ampleur.

Au pas, le peloton en question marchera tant bien que mal et aussi peu aligné que possible, sans aucune cohésion, ni tenue. Au trot, sa ligne de bataille ondulera d'inquiétante façon, telle la surface d'un ventre torturé de coliques. A cette allure, le *flottement* s'accentuera, les cavaliers s'espaceront, les files perdront leur distance et, à la moindre conversion, le troupeau lamentable se débandera, pour ne se reformer ensuite qu'au prix d'un ralliement plus ou moins mal esquissé.

Au galop ce serait pis encore. Le peloton se disloquera complètement, occupant trois fois et plus l'étendue règlementaire de son front, semant en route ses cavaliers ou les envoyant en éclaireurs sous forme de chevaux emballés que ne peuvent maîtriser des soldats sans instruction ni pratique qui, à la première défense de leur monture, empoignent le devant de la selle d'une main et la crinière du cheval de l'autre et se laissent, ainsi cramponnés, entraîner par l'attraction de la marche, comme une épave en un tourbillon.

Enfin, si, pour se mieux convaincre des tristesses de cette chevauchée, le préposé à l'inspection veut bien se payer le luxe décisif d'une charge sabre au clair, scandée de vociférations, je lui garantis le plus étrange, quoique pénible spectacle qu'aient pu lui donner de contempler encore les vicissitudes de la noble carrière des armes.

Et, voilà pour la réalisation de quelle pétaudière, *quem Grect dixere chaos*, que la République nous encaserne trois ans durant de notre belle jeunesse ; nous impose des périodes d'instruction qui ne servent à faire de nous, jusqu'aux confins de la vieillesse, que des esclaves tremblants de la pire des omnipotences, et, par surcroît, nous accable d'impôts en tirant, aimable prévenance, avec les cordons de notre bourse, les fibres patriotiques de notre cœur généreux.

Certes ! voilà une situation que les inspections générales auraient dû, depuis longtemps, révéler et surtout **corriger** ! ... Mais voilà, aussi, ce dont elles ne s'inquièteront jamais si l'intervention toute puissante de l'opinion publique n'oblige les pouvoirs publics à prendre de sérieuses, d'implacables mesures contre le puffisme, l'inertie et la trahison constante de nos fonctionnaires militaires pour qui tout est pour le mieux dans le plus incohérent et le plus dispendieux de nos innombrables services nationaux.

L'inspection générale, après examen de l'instruction à pied, de la voltige, des théories, des dressages, etc... se termine presque toujours sans encombre et à la grande satisfaction de tous. Le général adresse aux troupes un ordre du jour insignifiant, qui ira grossir les archives du corps et dans lequel, après avoir formulé quelques critiques sans grand intérêt, il distribue à tous, une moisson de félicitations, d'éloges et d'amabilités, avec pour thème ce *leit motiv* : discipline, endurance, abnégation; revanche, lauriers, héroïsme; scrongnieugnieu, m'a foutu ça, nous sommes prêts; honneur, patrie, vive la Russie.

L'inspection générale est dignement close par des coupes de champagne absorbées en commun, dans un punch d'adieux offert au préposé inspecteur par les officiers de la garnison. Le mot d'ordre sera maintenant jusqu'à la veille des grandes manœuvres : « En place, repos !... »

Les officiers assisteront, plus ou moins régulièrement, à la manœuvre générale du matin, et de la journée ne reparaîtront au quartier, sauf pour leur distraction personnelle. Les bureaux et les ateliers regorgeront d'embusqués désœuvrés. Les ordonnances et les sous-ordonnances se multiplieront à l'infini. Et les cavaliers faisant encore leur service deviendront tellement rares dans les régiments qu'à l'appel quotidien d'un escadron de **160 hommes**, il sera donné de voir ce que nous constatâmes trop souvent : une quinzaine de soldats sur les rangs, **pas une ombre de plus.**

Et cela durera ainsi jusqu'à l'époque des grandes manœuvres qui doivent, nous disent les circulaires ministérielles, « parachever l'instruction, entraîner les troupes, les perfectionner, leur donner l'avant-goût de la bataille, » ouvrir à nos estomacs guerriers l'appétit des sanguinaires hécatombes.

VII

C'est encore à la cavalerie, dont nous connais-
sons plus particulièrement le fonctionnement, que
nous demanderons de nous fournir les principales matières de ce chapitre. Nos lecteurs, d'ailleurs, n'y perdront rien, car cette arme d'élite,
décidément, est favorisée à tous les points de
vue et les abus s'y rencontrent peut-être plus
nombreux et plus évidents que dans les autres
corps de troupes.

Le départ aux grandes manœuvres nécessite,

dans la cavalerie, une préparation intelligente, faite avec beaucoup de soins. Mieux en situation que personne de connaître les ressources de son peloton, le sous-officier fait un choix des hommes les plus instruits et des meilleurs chevaux, choix qu'il fait approuver par son officier et dont celui-ci, bien entendu, ne manque de s'attribuer l'initiative. Des revues minutieuses de détail sont passées aux hommes pour s'assurer du bon état de leurs effets de toute nature, et une vérification sérieuse de la solidité du harnachement et de la ferrure est faite également.

Les fourgons, qui doivent être chargés règlementairement, reçoivent de chacun un petit excédent de bagages : cannes à pêche, fusils, appareils photographiques, caisses de champagne, litres de Pernod, fine Vert-Monis et autres pétroles de moindre noblesse, qui charmeront les loisirs des opérations. Enfin, quand les paquetages sont solidement bouclés, on trinque une dernière fois entre camarades, impatients du lendemain qui va sonner le départ.

Le jour désiré arrive enfin. Les chevaux sont soigneusement sellés. Chacun s'équipe de son mieux, tâte une dernière fois ses poches pour s'assurer que rien n'y manque, y compris l'indispen-

...sable pipe, les allumettes et le tabac, et les pelotons, rapidement formés, n'attendent bientôt plus que l'ordre de monter à cheval.

Lorsque l'étendard paraît, entouré de son escorte, le régiment aussitôt est en selle, et, les honneurs rendus aux trois couleurs, qui dorment dans leur gaîne de deuil, la colonne s'ébranle aux sons d'une joyeuse fanfare et disparaît bientôt, en route pour la première étape. Le moment est solennel et bien des moins ardents sentent battre leur cœur. Pour moi je demeurerai froidement dans le rôle que je me suis imposé, quoi qu'il ait de pénible et d'ingrat, et j'examinerai un peu dans quelles conditions ce superbe régiment part aux manœuvres.

Les escadrons doivent, autant que possible, être constitués réglementairement, c'est-à-dire atteindre l'effectif de cent sabres. Il semble que soit le moins qu'on puisse leur demander, puisqu'ils comptent 150 et jusqu'à 160 hommes sur leurs états journaliers. Cependant, là encore, la réalité reste loin des chiffres.

Quand les escadrons ont pourvu aux charges qui leur sont imposées pour les manœuvres: attelées, escortes, détachements, porte-fanion, estafettes, remonte d'officiers d'infanterie, ils sont dans...

l'impossibilité, par manque d'hommes autant que par pénurie de chevaux, de former des pelotons complets.

J'ai vu, pour les manœuvres de l'Est, en 1895, manœuvres dont nos lecteurs n'ont, certes ! pas oublié le retentissement, les pelotons d'un régiment de cavalerie légère partir avec 16, 18, 20 hommes au plus, au lieu de 25 et 26 qu'on leur avait fixés. Il restait au quartier pas mal d'hommes qui eussent dû pouvoir partir, mais c'étaient des employés et des ronds de cuir inamovibles (il y en a !) et d'autres parasites sur lesquels on savait trop ne pas devoir compter pour les prendre à la remorque pendant la durée des manœuvres.

Je suis bien certain, dans ces conditions, que ces manœuvres autour desquelles notre état-major fit tant et tant de réclame et auxquelles étaient censés assister 120.000 figurants hérissés de baïonnettes et bourrés de mitraille à blanc, réunirent à peine 60 à 70.000 hommes. Il est vrai, en compensation, que le généralissime qui les dirigeait, était à ce point impotent qu'il fallait des hommes de corvée pour le hisser sur son cheval ou pour l'en descendre, lorsque l'intelligente bête ne se chargeait pas de simplifier elle-même cette dernière et délicate opération.

En dehors de la fausseté des chiffres et nonobstant les petites commodités permises aux chefs paralysés par l'âge, il faut reconnaître impartialement que l'existence du soldat est autrement bien comprise aux manœuvres qu'en garnison. Là, les chefs peuvent plus facilement se mêler un peu à la vie commune et devenir, les uns par bienveillance naturelle, les autres par nécessité, véritablement les éducateurs et les conseillers du soldat.

La discipline, quoique plus sévère, est moins tracassière qu'au quartier. L'homme, soulagé des exigences tyranniques des besognes de la vie de garnison, est heureux de se trouver enfin dans son vrai rôle de soldat. L'initiative et la bonne volonté que l'on sollicite chez lui l'entraîne, alors, à agir plus par conscience et amour-propre que par crainte du châtiment. Rehaussé à ses yeux, il se prend à aimer son métier et à comprendre ses devoirs et, pour peu que ses chefs sachent entretenir chez lui une heureuse émulation, il ne tarde à devenir ce soldat alerte, enjoué, débrouillard, prompt à tous les élans du cœur, ce soldat incomparable qui, s'il se passionne pour la victoire, sait aussi supporter les revers les plus tragiques avec la plus fière et la plus indomptable énergie.

En manœuvres, donc, le premier devoir d'un chef habile et humain est de rendre, le plus possible, aux troupes sous ses ordres, le service facile et agréable, de le répartir également et de demander de tous, sans distinction, une somme équivalente d'efforts et de travail.

Le soldat qui a la conscience très nette de l'équité et qui supportera, sans la moindre plainte, les fatigues les plus exagérées, pourvu qu'elles soient communes, murmurera, à juste raison, s'il lui est donné de voir des camarades plus favorisés que lui ou déchargés de besogne à son détriment.

Il serait donc de la plus haute importance et de la plus élémentaire justice, que la seule voix du colonel se fît entendre pour régler minutieusement et d'une manière parfaitement uniforme tous les détails du service. De cette façon, les gradés subalternes ne seraient plus libres de multiplier leurs exigences bêtes vis-à-vis des hommes et d'imposer, de leur propre autorité, à des fractions de corps de troupe de véritables programmes de pénitenciers,

Actuellement, aux manœuvres, tout comme
au quartier, d'ailleurs, le capitaine-commandant
jouit d'une indépendance absolue et règle, comme
bon lui semble, l'emploi du temps des hommes
sous ses ordres, les corvées règlementaires et les
tracasseries supplémentaires.

Cet état de choses, nécessairement, ne manque
de créer bien vite, entre les différentes unités
d'un régiment, un regrettable antagonisme. Les
escadrons, les compagnies, les pelotons eux-
mêmes se jalousent, suivant que l'officier qui les
commande est un « bon type » ou une « sale
rosse », qui allège de son mieux le service ou le
surcharge odieusement.

Comme tous les abus de pouvoir, tous les bas
instincts des mauvais chefs trouvent ainsi libre
carrière, on juge quels excès se font jour et
quelle funeste inégalité arrive à régner, de ce
fait, entre les diverses fractions d'un même corps
de troupes.

Pendant les périodes de grandes manœuvres
que nous accomplissions avec notre régiment,
nous pûmes constater à chaque instant les déplorables résultats de ces pratiques pernicieuses
qu'encouragent pleinement l'indifférence et l'a-
pathie des chefs de corps pour tout ce qui touche

aux détails du service. Voici, d'ailleurs, quelques-uns de ces faits.

Certain jour, où le repos le plus complet avait été accordé, par le général directeur des manœuvres, aux troupes harassées de fatigues, un capitaine-commandant d'un escadron de cavalerie légère, officier d'une incapacité notoire, que seuls sa fortune et ses titres de noblesse faisaient maintenir dans son emploi, prit l'idée d'ordonner à ses hommes une grande **revue de détail**. Pour cette corvée plus stupide encore qu'inutile, il exigea que les effets, les armes, l'équipement et le harnachement fussent astiqués avec le dernier soin. Il en fut ainsi fait, et tandis que les cavaliers des autres escadrons, totalement exempts de service, se reposaient dans leurs cantonnements, leurs camarades, à grand renfort d'huile de coude, s'éreintaient à vernir leurs basanes et à polir leurs aciers.

Pendant les grandes manœuvres de l'Est, ce même capitaine-commandant, que ses chefs hiérarchiques eussent, au moins, dû mettre à la raison, sinon d'office à la retraite, choisit encore un jour de repos, bien gagné cependant par ses hommes, pour faire exécuter une absurde et interminable théorie de paquetage. Il s'était mis en tête, pour cette circonstance, de changer le mode de placer les manteaux sur les selles et de faire adopter un système à lui, qu'il était d'ailleurs dans l'impossibilité absolue d'expliquer et de démontrer.

C'est dans ces conditions que, pendant une journée entière, il fit placer, déplacer et replacer les manteaux de ses hommes, sans pouvoir dire, une seule fois, de quelle façon il les voulait voir. Comme les malheureux, victimes de ces caprices de satrape en ébriété, s'énervaient à ce jeu sans issue, le capitaine interdit formellement aux gradés de laisser manger la soupe avant qu'il se fût déclaré pleinement satisfait.

Les hommes et les sous-officiers terminèrent ce jour là, les paquetages, à la lueur de lanternes, le ventre vide de la veille, alors que leurs frères d'armes des autres escadrons, libres depuis longtemps de tout service, s'étaient répandus dans le cantonnement à la recherche de l'auberge et du billet de logement.

Voilà des tracasseries ineptes qui, certes! attirent bien justement la haine sur un chef, exaspèrent maladroitement la sensibilité du soldat et l'acculent trop souvent au découragement et au dégoût, ces filières de l'indiscipline.

Mais ce surmenage excessif, imposé à des hommes qu''accablent déjà les exigences des manœuvres est encore condamnable par plus d'un point. N'est-il pas révoltant, par exemple, de le voir provoquer surtout par des officiers égoïstes et jouisseurs qui, non contents de sacrifier, le fiel au cœur, la santé et le bien-être de leurs troupes s'empressent, en outre, d'accaparer, pour le seul profit de leur précieuse personne, toutes les ressources du cantonnement, tout son confortable et tous ses avantages.

Pendant que le soldat harassé de fatigues, meurtri par les lanières de son équipement, le ventre creux et la fièvre aux tempes, avant de se réconforter, astique, brosse, éponge et cire, son maître glouton s'emplit de Pernod et s'empiffre de victuailles, retrempant son courage, pour de nouvelles violences, à la source des litres et des carafons. Et, le soir, quand il ronflera, le sommeil lourd d'une digestion laborieuse, au « billet de logement » où son ordonnance l'aura reconduit, le soldat, errant par les granges, mendiera la paille pour se coucher.

On comprend sans peine que cette situation où le chef est sans cesse privilégié et le soldat plus brutalement opprimé ne réponde en aucune façon à des nécessités d'organisation ou de tactique militaires. Cependant, par la force de l'habitude et sous l'influence de ce sectarisme qui est le pire de tous : l'autorité, ce régime est toléré et, j'ai des raisons de le croire, encouragé en sous main dans l'armée.

C'est comme cette institution vraiment féodale des « **billets de logement** », double et vexatoire atteinte à la liberté individuelle et à l'inviolabilité du foyer, croyez-vous qu'elle soit toujours comprise dans un sens pratique et d'esprit militaire ?... Pour ma part, je suis convaincu du contraire et, quitte à ne pas être sacré naïf cocardier ou grand patriote, je dis qu'il s'y glisse beaucoup trop d'abus et que les avantages qu'on en retire sont loin de compenser les désagréments et les mille froissements intimes qui en sont, pour le public, les plus clairs résultats.

Sans être d'une susceptibilité et d'une délicatesse « défense républicaine », vous conviendrez que rien n'est moins agréable que de recevoir chez soi **un intrus**, port a-t-il la livrée de général; de lui céder son lit pour transpirer, sa cuvette pour se décrasser et son propre pot-de-chambre pour... soulager ses peines. Avec la servitude des billets de logement, c'est, cependant, à quoi tout Français est exposé chaque jour.

Bien entendu, comme je vous le laissais à entendre, ce sont MM. les officiers qui sont presque les seuls à user de ce mode légal d'hospitalité *quand même !* que leur doivent leurs obligés les contribuables. Le soldat, en effet, en manœuvres, est assez rarement logé chez l'habitant. On considère que, pour lui, la paille est assez bonne, mais qu'il n'est pas trop d'une paire de draps, garnissant un lit duveteux, pour abriter, contre de profanes regards, les poses plastiques de ses chefs endormis.

La nécessité des billets de logement est d'ailleurs des plus contestables. Lorsque des troupes font étape dans une ville importante, il serait des plus faciles de les loger, sans avoir recours à l'habitant. Dans les villes de garnison, l'autorité militaire devrait assurer ce service, — ses ressources sont suffisantes pour le faire; — dans les autres villes les municipalités ont toujours assez de locaux disponibles pour pouvoir, toujours en dehors des particuliers, assurer le logement de régiments de passage. Enfin, lorsque les troupes seraient cantonnées dans de petites villes ou des villages, les officiers seraient tenus de rester en contact avec leurs troupes et de coucher à la paille, si besoin est. Leur santé et leur dignité ne s'en porteraient pas plus mal pour ça et la nation serait libérée d'une encore de ses charges et de ses servitudes.

Actuellement, si, pendant les étapes, l'usage du billet de logement peut, à la rigueur, être admis dans une large, très large mesure, il serait tout naturel que, pour la durée des opérations de manœuvres proprement dites, on sacrifiât un peu plus souvent ses délices à la vraisemblance de la réalité.

Tous nos états-majors, cénacles de gens capables ou de prétentieux, nous rabâchent et nous font rabâcher par la presse que leur unique souci est de faire des grandes manœuvres une reproduction sincère de la guerre dans tous ses moindres détails. Par malheur, quand on y assiste, on est bien loin de s'en douter.

Pendant des évolutions de brigade, les officiers de certains escadrons étaient logés chez l'habitant, à plus de deux kilomètres du cantonnement des détachements qu'ils commandaient. Ils n'assistaient jamais au boutte-selle et rejoignaient les troupes seulement à l'endroit indiqué la veille pour la manœuvre.

Maintes fois, au cours des grandes manœuvres de l'Est, nous eûmes l'occasion de voir pareil fait se reproduire. Un escadron n'ayant pu trouver place dans un gros chef-lieu de canton déjà encombré de troupes fut envoyé cantonner à plus de cinq kilomètres dans un hameau insignifiant, sous la conduite des sous-officiers. Les officiers, eux, furent logés dans ce chef-lieu de canton avec leurs chevaux et leurs ordonnances.

Ne trouvez-vous pas que c'est là, pour des chefs, se séparer bien facilement de troupes dont ils ont la garde et la responsabilité ?.... Un tel oubli de leur devoir est d'autant plus répréhensible même, qu'il n'avait pour tout mobile que le futile appât d'un billet de logement.

Les états-majors, s'ils n'avaient, pour la nation, leur seul mépris affecté de cuistres, devraient nous prévenir au moins que ces petites pratiques de commodité personnelle sont inhérentes à l'état de paix et que ce léger accroc au programme de ce qui **se passerait en campagne**, ne les gêne nullement pour la conception et l'exécution de leurs savantes hypothèses.

Je sais que, pour mon compte, cette restriction me comblerait de joie.

L'officier que l'on nous représente, en manœuvres, toujours à la tâche, toujours sur la brèche, assez souvent, en effet, dans l'intimité, s'efface devant le zèle et l'ardeur de son sous-officier. Si, pendant les marches et les manœuvres, il exerce son autorité directe sur son peloton, s'il s'entretient avec ses hommes, cherche à les instruire un peu, prend sa place réelle dans la vie commune ; à l'arrivée au cantonnement il se décharge charitablement sur ses surbordonnés de l'initiative de tout.

Ils n'ont pas mis pied à terre et donné à leurs sous-officiers cet ordre laconique traditionnel : « Casez *votre* peloton et vous me rendrez compte, » que les officiers se précipitent à l'assaut du fourrier, grand dispensateur des billets de logement. C'est qu'il leur tarde, à ces messieurs, de faire leur toilette, de tirer leurs bottes, de changer de tenue et de se mettre à l'aise pour assaillir les terrasses des cafés, les tables d'hôte des restaurants et aller ensuite, plastronnant par la ville, s'exhiber, sous tous leurs atours, aux naturels du pays.

Personne ne contestera qu'en garnison, l'existence de l'officier, éminemment mondaine et tapageuse, ne soit plutôt celle d'un *patachon* noceur que d'un fonctionnaire correct et sérieux. Dans les villes de garnison, il n'est pas de beuglants, d'établissements à la mode, de salons bourgeois et aristocratiques où les reflets des lustres ne trouvent à rayonner sur les garnitures de flambants uniformes.

Eh bien ! aux manœuvres, l'officier, à de rares exceptions, se ressent de ces mauvaises habitudes contractées dans le désœuvrement de ses perpétuelles flâneries et il éprouve un besoin impérieux d'esbrouffe, de vie joyeuse et d'éclats, en même temps qu'il se complait dans une excessive recherche de confortable. Tout cela, me direz-vous, est monnaie courante de nos mœurs et de notre époque. Il me semble cependant que ces pratiques cadrent mal avec la tradition ou plutôt la légende militaire et que l'abnégation et le dévouement tiennent dans ces préoccupations de bien-être et de *vadrouille* une place vraiment trop minime.

Que d'exemples, en outre, abondent qui confirmeraient ce simple aperçu de cet état d'âme et nous fourniraient aussi l'occasion de donner de minutieux détails sur la conduite de l'officier dans le séjour des cantonnements et sur l'emploi des heures de loisir que largement il s'y procure ! Mais, peut-être, vaut-il mieux passer sur des faits d'ordre privé et éviter ainsi d'égarer nos critiques dans d'oisives analyses psychologiques. Ce lieutenant d'opérette qui, pendant les grandes manœuvres de cavalerie, passait les inspections de son peloton en bras de chemise et en babouches, le chef recouvert d'un ample chapeau de jonc, et tenant à la main un parasol, partagerait sans doute, si nous le consultions, notre manière de voir sur ce point.

Il peut paraître urgent, d'ailleurs, de ne pas nous étendre davantage sur des questions curieuses à noter mais qui constituent seulement les multiples à-côtés des manœuvres et d'aborder de suite le principal de ce chapitre : **les opérations sur le terrain.**

Un des reproches les plus classiques fait invariablement au mode d'exécution des grandes manœuvres ou des simples manœuvres de garnison est de bannir presque toujours l'imprévu, la liberté entière des mouvements et l'action personnelle de chacun et de n'être, en somme, qu'un banal programme d'hypothèses, résolues sans complications, et dont on demande aux troupes d'observer purement et simplement les indications.

Ce reproche, de prime abord paraît assez logique et justifié. Les manœuvres de convention paralysent en effet les nombreux facteurs essentiels du succès à la guerre : le coup d'œil, la résolution, la valeur militaire et l'initiative. Si l'on veut bien examiner et prévoir, il est facile de se convaincre cependant, de l'impossibilité ou tout au moins des difficultés sérieuses de mettre d'accord, en cette circonstance, la pratique et la théorie, ce que l'on peut faire réellement et ce que l'on se flatte prétentieusement de pouvoir faire.

En supposant que liberté d'action pleine et entière soit donnée au haut commandement de deux corps opposés, qu'arrivera-t-il infailliblement ?... C'est que, par entêtement, forfanterie, ou amour-propre, — et Dieu sait si nos officiers ont à revendre de ces marchandises,—aucun des partis ne voudra céder et confesser qu'il est battu. Des contestations, à chaque instant, surgiront de part et d'autre, que l'intervention des arbitres aura peine à résoudre et, en plus d'une occasion même, ces arbitres, comme tous experts qui se respectent, ne décideront souverainement qu'en lésant foncièrement les intérêts du corps de troupe auquel la réalité eût, peut-être, donné l'avantage.

Il serait, en outre, de toute prudence de fixer une heure maxima pour l'arrêt des opérations, car celles-ci, souvent, risqueraient de se prolonger fort tard et maintes fois, cette heure sonnant trop tôt viendrait rompre brusquement l'action dans sa période décisive. La préparation du cantonnement et l'alimentation du soldat auraient à souffrir aussi de cette méthode qui ne permettrait qu'au tout dernier moment de pouvoir assurer ces services essentiels, et les troupes supporteraient de ce fait un excédent de fatigues et parfois des privations peu compatibles avec l'état de paix.

A notre avis, ce qui enlève plutôt aux manœuvres leur intérêt et nous prive des enseignements précieux que nous devrions en retirer, c'est le manque absolu de sincérité des grands acteurs de ces luttes pacifiques, qui préfèrent *tirer au flanc* et se mystifier avec le dernier des sans-gêne que conduire l'action sur le terrain avec le moindre effort d'initiative.

Pour des manœuvres de division d'infanterie, un escadron de notre régiment avait été désigné pour fournir deux pelotons à chacune des brigades opposées. Ces pelotons devaient assurer le service d'exploration de ces brigades et renseigner le haut commandement sur les positions et les mouvements de l'adversaire.

Comme nous allions quitter le quartier pour joindre respectivement les brigades auxquelles nous allions être attachés pendant trois jours de manœuvres, le capitaine-commandant fit mander au bureau de l'escadron tous les gradés sous ses ordres. Là, après les avoir informés que le général commandant la division était un *lignard* forcené, réputé pour son hostilité contre la cavalerie dont il niait les services, il les invita, « *pour en boucher un coin* » à ce critique si mal disposé, à se communiquer tous leurs renseignements entre patrouilles ennemies. De cette façon le haut commandement serait littéralement ahuri, le divisionnaire récalcitrant ramené à une plus saine appréciation de l'utilité et de la valeur de la cavalerie et lui-même, sans doute, proposé d'office pour l'avancement.

Ces indications furent suivies à la lettre et, pendant la durée des manœuvres, les patrouilles de cavalerie chargées du service de renseignements, dès qu'elles prirent contact, s'empressèrent de se combler réciproquement des renseignements les plus précieux.

Je me rappelle encore la tête que fit le fameux

divisionnaire, lorsque, fort des renseignements qu'un de ses camarades lui avait livrés, un maréchal-des-logis, chef de patrouille, lui soutint, malgré ses dénégations, que la tête de colonne ennemie débouchait de tel village à l'horizon. Le général et son état-major, toutes lorgnettes braquées sur le point indiqué, avaient beau s'exclamer qu'ils ne voyaient rien, le sous-officier, sûr de lui, n'en précisait que davantage donnant l'ordre de formation et la composition de cette colonne, aussi exactement que s'il l'eût commandée lui-même.

Le général, à bout de patience, et qui, comme sœur Anne, ne voyait rien venir, allait se fâcher pour de bon, quand soudain, ô miracle ! débouchèrent du village que le chef de patrouille ne cessait de désigner les têtes de colonne de l'ennemi. Le général, à cette vue, fut à ce point émotionné, qu'il s'effondra sur sa selle et qu'on l'entendit murmurer, en *lignard* repenti :

— N......d......D......, ces cavaliers légers, quel œil, tout de même !....

La plupart de nos généraux et la presque totalité de nos officiers supérieurs appartiennent un peu à l'école de ce capitaine-commandant, auteur de cette radicale conversion. Ils ne voient dans les grandes manœuvres que l'occasion de se faire valoir et s'arrangent entre eux, louable camaraderie, pour que tout se passe pour le mieux et sans accrocs.

De même, peu leur importe les phases préliminaires des manœuvres qu'ils négligent avec la plus complète désinvolture. Ils estiment qu'il n'est vraiment utile de tirer l'épée du fourreau et de faire entendre la voix du commandement que lorsque les troupes arrivent aux abords immédiats du terrain choisi pour la rencontre finale. C'est que, pour eux, l'occasion de se distinguer n'est, en somme, bonne à saisir que là.

En effet, la curiosité, les convenances diplomatiques, le besoin de réclame, surtout, ont réuni sur une éminence heureusement disposée pour embrasser la topographie du champ de bataille désigné la veille, une galerie bruyante et nombreuse qui grouille aux côtés d'une assistance *select*. On y distingue, dans un groupe à part et qu'encadrent des policiers, le président de la République, ses ministres, quelques initiés des deux sexes juchés sur leurs équipages, les membres du corps diplomatique, des représentants de la presse, enfin une délégation copurchic d'officiers étrangers aux flamboyants uniformes.

A l'écart de ces personnages officiels se presse la multitude des badauds patriotes, attirés des villes voisines et prodigues, comme bien on pense, d'enthousiastes acclamations.

Comme cette petite manifestation a été prévue et réglée dans le programme des manœuvres, la consigne est que chacun mette tous ses soins à sa parfaite réussite. Le savoir-vivre, d'ailleurs, et la réputation de courtoisie des gros légumes de l'armée française exigent de ne pas faire languir les invités qui, énervés par l'attente, pourraient croire qu'on leur pose un *lapin*.

A l'heure dite, donc, pif !.... paf !.... boum !.... La fusillade éclate, le canon tonne, les troupes surgissent de terre comme par enchantement et se ruent les unes sur les autres aux accents de la *Marseillaise*, abreuvant les sillons de la sueur des fronts. Enfin, après l'assaut final et les dernières pétarades ordonnées par le grand état-major, le clairon sonne l'assemblée.... La journée est finie et l'orgueil national satisfait. Chacun, alors, s'éponge en soufflant, et troupes, invités et badauds s'éloignent et se dispersent, après avoir pris rendez-vous pour le lendemain ; pendant que les journalistes se précipitent aux bureaux de télégraphe les plus voisins pour lancer

par toute la France leurs dithyrambiques appréciations.

Les manœuvres, on le voit, qui obéissent trop
souvent à de mesquines considérations, ne tardent
à dégénérer en simples spectacles militaires qui
ne peuvent profiter utilement à l'instruction des
chefs et du soldat.

Mais, va-t-on m'objecter sans doute, les
grandes manœuvres, telles que nous les voyons
effectuer de nos jours, avec leurs **énormes** effectifs, n'ont pas la prétention d'être un cours d'instruction pratique pour l'homme. Celui-ci n'est
sur le terrain que l'infime pion d'un gigantesque
échiquier, obéissant docilement aux stratèges
qui le guident, comme un troupeau de moutons
à ses chiens. Leur idéal grandiose et passionnant
tend surtout à cet unique but : **l'évolution en
masse des troupes** sous le commandement
des grands chefs que la guerre verrait à leur
tête.

Soit !... Mais ne croyez-vous pas que la paro-
die de cet idéal ne comporte aussi ses dangers ?..
N'a-t-il pas pour effet, le plus souvent, de noyer
dans un ensemble trompeur, sous la mise en
scène d'une réalité maquillée, les faiblesses et
les ignorances individuelles des figurants, chefs

et soldats, de ces fantasias à grand orchestre ?...
Quels enseignements retirons-nous, vraiment, de
la réalisation de ces foires humaines où les plus
grossières fautes commises ne sont jamais ni
signalées, ni corrigées ?... De quelle utilité sont
ces pantomimes hypocrites où les services les
plus importants et les plus délicats, tels ceux
d'exploration, de sûreté en marche et en station
ne sont jamais assurés, ou esquissés d'une façon
ridicule ; où des officiers supérieurs sont incapables de se diriger avec des cartes d'état-major d'une rigoureuse exactitude, cependant ; où
des colonels, après une demi-journée de manœuvres, promènent leur régiment à l'aventure
sur **120 kilomètres de routes**, avant de pouvoir retrouver leur cantonnement ; où l'on mitraille des cloches à melon , alignées dans un
champ par confusion avec une brigade de cavalerie de ligne ; où des colonels, en soutien de
l'artillerie, font prendre d'assaut les pièces qu'ils
protègent ; où des escadrons entiers de cavalerie, opérant sans éclaireurs de terrain, viennent
s'abîmer dans des fondrières ; où tout se passe,
en un mot, dans l'ignorance et le désordre, au
tohu-bohu, à la bonne franquette et sans que

s'en émeuvent jamais les maîtres chahuteurs de ces bacchanales guerrières.

Comprises ainsi, exécutées sans esprit de devoir, sans méthode et sans conviction, les manœuvres à grand spectacle, les foires à soldats et les combats musique en tête ne sont que de la frime et de l'inutile et odieuse mascarade. Cet idéal, puisque idéal il y a, par le gaspillage et le vandalisme qu'il entraîne, coûte trop cher aux contribuables pour les piteux résultats qu'il donne. En outre, il a ces graves inconvénients de ne contribuer **en aucune façon** à l'instruction réelle des troupes, de substituer l'éreintement pour la galerie à l'entraînement rationnel, le surmenage à l'endurance, enfin d'égarer l'opinion sur les merveilles de la mise en scène, ce cadre protecteur de l'insuccès des pièces.

Seul le charlatanisme des grandes manœuvres profite aux plumes d'autruche avisées qui s'y créent des réputations à tant la ligne par l'intermédiaire de reporters complaisants et prennent ainsi de la valeur sur nos marchés, sans exposer le moins du monde leur peau et sans risques de se compromettre dans l'aléa d'une déroute.

Avant donc de nous offrir le luxe flatteur mais

coûteux de généralissimes dorés sur tranches chevauchant à la tête d'innombrables légions, il serait bon de nous assurer, d'abord, des solides qualités de ces légions et des capacités des intrigants et des fils à papa qui les commandent, trop souvent sous la seule et unique sauvegarde d'un brevet de favoritisme.

Une revue sensationnelle, minutieusement organisée et réglée par les décorateurs et tapissiers de la rue Saint-Dominique, vient clore généralement toutes grandes manœuvres dignes de ce nom. Sur un terrain choisi, convenablement approprié, s'élèvent des tribunes imposantes, tendues de velours frangés d'or, décorées de panoplies d'armes et flanquées de trophées de drapeaux.

Les sapeurs du génie ont construit, à travers champs et **récoltes**, une route carrossable de plusieurs kilomètres qui permettra aux invités d'arriver sans encombre dans leur landau ou leur *mail-coach* jusqu'au pied même des tribunes réservées.

Une voie ferrée, de même a été établie spécialement pour relier la tribune officielle au réseau de chemin de fer le plus voisin et éviter ainsi aux éminences de la politique un transbordement en patache bon pour la plèbe électorale. Enfin, punchs, banquets et soulographies ont été commandés chez les gargotiers de la sous-préfecture la plus proche.

Le coût d'installation de ce mirobolant décor, les dépenses d'établissement de ces routes et de ces voies ferrées, le paiement des gueuletons et des beuveries officiels, tout ce luxe insolent, tout ce gaspillage éhonté sera soldé, bien entendu, par **notre budget de la guerre**, article **« grandes manœuvres »** paragraphe **« imprévus et divers »**.

Sur le coup de midi, — cette heure est généralement choisie pour que les troupes, qui campent depuis cinq et six heures du matin, aient à supporter tous les effets de la chaleur, — la *Marseillaise* annonce enfin ! l'arrivée du Président de la République, de sa Cour et de ses ministres ! Les accents de notre hymne national, préludant à la farandole qui s'apprête, éclatent en une puissante fanfare, scandés par les gueules de canons qui crachent aux échos leur cantate lugubre.

Lorsque sous les tentes des tribunes, le monde et le demi-monde officiels siègent, à l'ombre, confortablement installés, alors, dans l'immense plaine se répercute ce commandement : « Vers

la droite, pour défiler !... En avant !... Arche !!.. »
Et sous le soleil torride, sac au dos, harassé et
suant, le troupeau humain déambule, soulevant,
avec l'âpre poussière des champs, les acclamations hystériques des badauds en délire et jamais
rassasiés.

Les troupes à pied, tout d'abord, déroulent
l'interminable anneau de leurs colonnes, laissant
l'artillerie et la cavalerie au port d'armes, pendant les deux et trois heures que dure, souvent,
leur défilé. Bien entendu, régiments de ligne,
bataillons de chasseurs, zouaves et riz-pain-sel
rivalisent d'ardeur et d'amour-propre pour décro-
cher la timbale de l'alignement au cordeau et
malgré la poussière aveuglante où leurs lignes
ondulent capricieusement, le public des tribunes
se répand en louanges sur leur allure martiale et
dégagée, leur crânerie et leur impeccable tenue
sous les armes. Certains appréciateurs, même, se
rendent compte à distance des sentiments de discipline et d'abnégation de tout ce monde qui
force l'allure pour arriver plus vite au cantonnement.

Quelques dames, et pas des moins officielles,
se sentent saisies d'une indulgente admiration
pour l'énergie et la science des chefs, quand quel-

que « N...de...D... ! avancez donc, l'aile gauche »,
arrive confusément à leurs oreilles. Bientôt, cependant, chez l'assistance, la monotonie du spectacle, la lassitude et la sueur qui ruisselle, viennent à bout de l'amour de la patrie, du protocole
et des plastrons, et tout le monde se dégraffe,
s'éponge, tire ses gants, déboutonne son gilet,
tandis que l'automate présidentiel, martyr de la
Constitution, achève son faux-col et ses manchet-
tes et cabosse un huit reflets, vierge encore du
stigmate des foules, dans un fantastique tournoie-
ment de saluts.

Après le défilé des fantassins, des ambulances,
du train des équipages, du ballon captif, des
télégraphistes, des cantines, des fourgons à bagages, de la maréchaussée, et autres impédi-
menta, la cavalerie prend à son tour ses distances pour parader au petit galop et exécuter,
après le passage de l'artillerie, la **fameuse**
charge de front sur les tribunes.

En nos temps de fureur sportive, il serait
vraiment excessif d'ouvrir, ici, une parenthèse
pour demander à nos lecteurs s'ils ont assisté
sur nos hippodromes à des courses dites : *military*. Tous ont, en effet, constaté, -- trop souvent
même au détriment de la bonne réputation des

cadres de notre cavalerie, — que, si nos officiers fréquentent, avec une merveilleuse assiduité le turf où ils coudoient et tutoient les jockeys anglais, les palefreniers, les boockmakers et les catins , ils y ramassent malheureusement plus de pelles que de lauriers.

On sait, également, combien la liste est longue, de ces centaures galonnés qui servent le Pari mutuel avec plus de zèle que la Patrie et n'ont, encore, donné à la République d'autre preuve d'attachement que d'offrir à Loubet leur blason armorié « de gueules cassées sur champ de courses . »

Eh ! bien, il faut croire que ces exhibitions équestres et le nombre considérable d'accidents qui en résultent, n'assuraient pas assez de vacances dans les cadres de la cavalerie et ne permettaient pas de renouveler le personnel au gré et désir des grosses légumes, car, au casse-gueule individuel et facultatif des courses, un homme de génie, — c'était un officier général, bien entendu, — a jugé indispensable d'adjoindre le casse-gueule, — n'en déplaise à M. Millerand,— collectif et obligatoire. Cette création, qui fait le plus grand honneur à son instigateur, c'est, je vous l'ai dit, la fameuse charge de front sur les tribunes.

Si tout le monde, à de rares exceptions, a assisté aux prouesses hippiques qui ont le *military* pour enseigne et l'hôpital pour résultat, tout le monde n'a pas pris part à une charge de front sur les tribunes et, pour la conservation de notre race, cet évènement est heureux. Cette chevauchée, qui débute par une marche au galop à travers des terrains variés dont le génie des routes carrossables a respecté la virginité, est exécutée, en masse, par tous les régiments de cavalerie, cuirassiers, dragons, chasseurs, hussards, qui ont pris part aux manœuvres.

Quelquefois, si l'effectif n'est que d'une ou deux brigades, la charge de front sur les tribunes, a exceptionnellement lieu « *en bataille*, » c'est-à-dire sur une seule ligne, mais, la plupart du temps, comme vingt, vingt-cinq, trente régiments et plus y prennent part, elle s'opère en colonnes de masse, sans intervalles, ni distances, de façon à former un seul bloc compact et mouvant, couvrant à peu près le front même d'étendue des tribunes.

Cette formation bâtarde qui, au point de vue purement stratégique, passerait, à juste raison, au sein des états-majors les plus timorés, pour une véritable hérésie de tactique, est considérée, cependant, comme très impressionnante à l'œil et susceptible, pour la circonstance, de porter à son paroxysme l'émerveillement extatique du populo stupéfié. Or comme c'est là, vous le savez, le but capital des grandes manœuvres, ainsi, d'ailleurs, que de toutes manifestations militaires, nul ne s'étonnera qu'elle ait été adoptée.

Donc, pour en revenir aux différentes phases de notre charge de front sur les tribunes, — Don Quichotte, autrefois, ne chargeait que sur de prosaïques moulins, — dès que le départ est donné, la formidable masse de cavalerie, entassée, bourrée, empêtrée, s'ébranle au galop dans une insigne débandade. A peine quelques mètres ont-ils été parcourus, que des terres, que labourent les 60.000 fers de 15.000 chevaux, s'élève un nuage d'aveuglante poussière.

Alors, la cohue s'accentue et la charge se transforme en épouvantable marmelade. Les premiers rangs qui devant eux ont le champ libre avancent encore à la diable à travers champs et fossés. Mais ceux qui suivent, perdus dans la poussière, bousculés par les rangs qui se disloquent ou s'écrasent en de formidables poussées, ne tardent à s'enchevêtrer en un inextricable fouillis où cuirassiers, dragons, chasseurs, hussards, dans l'impossibilité absolue de se conduire, tournoient et se confondent dans le pêle-mêle échevelé d'une déroute.

Dans ce chaos mouvant, milieu où ne peut plus propice aux chutes et aux culbutes, les accidents les plus graves, — on le conçoit, — arrivent à chaque instant. Des chevaux affolés désarçonnent leurs cavaliers ; d'autres font *panache* dans des fossés que leur instinct n'a pas éventé à temps entraînant sous eux les hommes qui les montent ; beaucoup, enfin, sont mis hors de service par les coups de pied et les atteintes qu'ils reçoivent.

Mais, après un dernier temps de galop mené à plus vive allure, qui simule le suprême période de la charge et consacre positivement la bouillabaisse générale de tous les régiments qui l'exécutent, les premiers rangs s'arrêtent soudain et s'alignent tant bien que mal, face aux tribunes dont ne les séparent plus que quelques cent mètres d'intervalle.

La masse flottante et désemparée du formidable troupeau qui suit, vient alors s'empiler, derrière ce fragile rempart, dans un définitif écrasement, au milieu des jurons et des cris de détresse. Et, tout aussitôt, marquant l'apothéose de cette chevauchée lamentable, éclate un tonnerre d'acclamations frénétiques , écho de l'enthousiasme spontané de 100.000 badauds irresponsables qui n'ont rien vu qu'un nuage de poussière, mais qui, venus là pour brailler, n'en trépignent que davantage.

Enfin, lorsque les gosiers épuisés ont lancé leurs derniers vivats et que les régiments, confondus dans un indicible désordre, ont réussi à se reformer et à rallier leurs chefs, l'imposante masse de cavalerie se disloque, se désagrège, se fractionne et se disperse par détachements, dans la direction des cantonnements.

Dès que le protocole lui lâche la bride, le président de la République quitte son siège avec empressement, donnant, par sa retraite, le signal du départ. Le monde officiel, aussitôt, dégringolant à sa suite, plein de satisfaction d'une corvée accomplie, vide en un clin d'œil les tribunes, dans la hâte fébrile d'une fin de cérémonie dont il tardait à chacun de s'évader.

Les badauds, à leur tour, rassasiés et fourbus, évacuent les positions sur lesquelles certains ont couché et que les mieux placés ont défendues

avec acharnement, pendant la durée de la revue
contre le flot montant des retardataires. Maintenant, formés en longues caravanes ils s'en vont
à travers champs en un pittoresque exode, et
par les routes qu'encombre tout ce que les car-
rossiers de la contrée ont produit de véhicules
depuis un siècle.

Sur l'immense terrain où les troupes ont défilé,
les brigades de gendarmerie se rassemblent ou
prêtent la main aux ambulanciers qui recueillent
les nombreuses victimes de la criminelle charge
de front sur les tribunes. Quelques chevaux,
privés de cavaliers, galopent en liberté par la
plaine, poursuivis par de petites patrouilles qui
leur donnent la chasse à toute allure et les ra-
battent comme de vulgaire lapins vers les villages
où s'allument les feux du dernier cantonnement.

Enfin, ces figurants attardés, ayant accompli
leur besogne, disparaissent bientôt de la scène.
La campagne dévastée, où les tribunes dépouil-
lées d'ornements, dressent, maintenant, les squelettes de leurs charpentes, prend un triste aspect
de désert. Les grandes manœuvres sont termi-
nées, le budget écrasant de la guerre vient d'en-
gloutir, dans les fastes d'une prétentieuse mas-

carade, quelques millions et quelques vies de plus.

Et, le lendemain, défileront à leur tour, mais... aux guichets du percepteur, et pour solder l'éternelle douloureuse, les contribuables, docile troupeau !...

VIII

Le retour des manœuvres. — Nos fonctionnaires... en villégiature. — Le départ de la classe. — Traditionnel boniment des adieux. — Le soldat d'hier et celui d'aujourd'hui. — Vieux grognards et modernes paladins. — Militarisme et nationalisme. — Le dégoût justifié de la caserne. — Conséquences funestes de 1870. — L'Armée et l'Histoire.

Après la foire à grand spectacle qui clôt si grotesquement les grandes manœuvres de notre armée, les régiments regagnent leurs garnisons par étapes, quelques-uns, plus favorisés, par chemin de fer.

Tant qu'ont duré les opérations et que les chefs ont compris la nécessité de s'attirer la sympathie de leurs hommes, pour exploiter, à leur profit, leur bonne humeur et leur endurance, leur sévérité intransigeante, leur passion de la cruauté et de la persécution s'étaient momentanément apaisées. Mais, dès qu'ils se retrouvent sur le chemin du retour, dans le peu brillant équipage d'une banale rentrée au bercail, leur morgue et leur instinct d'implacable domination ont vite fait de reprendre le dessus et de brouiller les grands enfants qu'ils mènent avec le souvenir tout proche de quelques instants d'hypocrite bonté.

Alors, aux encouragements intéressés succèdent maintenant les menaces brutales et les insultes méprisantes. Chaque étape est un calvaire pour les hommes exténués de fatigues que seule soutient encore la crainte de voir s'effondrer, en une seconde d'oubli, de révolte ou de découragement, l'espoir, si problématique déjà, d'une libération et d'un retour à la vie.

Malheur ! au pousse-cailloux, qui chancelle et s'écroule sous le faix d'une charge de bête de somme ; au cavalier, dont la monture, à bout de forces, butte au moindre obstacle de la route pour s'abattre tout-à-coup, comme une masse, et se relever les genoux emportés !...

Fantassin, qui tombe inanimé sur le talus de la grand'route ; soldat, qui n'en peut mais, dont le cheval épuisé, inopinément se couronne ; voilà les victimes principales sur lesquelles vont pleuvoir ensemble punitions et mauvais traitements, car les chefs exercent surtout leur courageuse et brutale poigne sur les plus faibles et les plus éprouvés.

Il n'est pas rare de voir, pendant ces marches de retour, alors que les officiers n'ont plus de raisons personnelles de ménager leurs troupes, puisqu'ils rentrent les remiser, des hommes marcher pieds nus et ensanglantés derrière les colonnes et les convois, voir même **traînés par ordre** à la remorque des fourgons à bagages. J'ai vu, plusieurs fois, se produire de ces faits, et des soldats libérés, avec la seule passion de la vérité, m'en ont rapportés de semblables, dont ils furent témoins et victimes.

Mais, comment diable voulez-vous que les hautes autorités militaires daignent prêter attention à ces « racontars », puisque tous les rachitiques, les poitrinaires, les éclopés, impropres au service et, par conséquent, partisans résolus et admirateurs passionnés du sabre, se chargent de s'inscrire en faux contre l'existence de ces pratiques barbares qu'ils auraient bien constatées, certes! depuis tant d'années qu'ils assistent, le 14 juillet, à la revue de Longchamp?

Fréquemment, lorsque les étapes de retour

leur semblent trop dures ou trop nombreuses, les généraux d'abord, les colonels ensuite, puis tous ceux qui, successivement, héritent de leur autorité, jugent plus pratique de prendre le large que de témoigner d'un zèle inutile en s'astreignant aux fatigues communes... Sous prétexte, donc, d'un enfant malade, d'une femme en couches ou d'arrangements de famille, ils regagnent, à quart de place, leur domicile, dans le *dolce far niente* d'un wagon-lit.

Aussi, lorsque les régiments réintègrent, enfin ! leurs garnisons, dans le pitoyable désarroi d'une fin de campagne, nombre de leurs officiers, déjà, se sont envolés vers les ciels cléments des villégiatures, dans l'éden des stations thermales, sous les ombrages des sites agrestes et, toujours à la chasse des dots, sur les plages où les sexes se décrassent et exhibent, en caleçon de bain, l'académie de leurs performances.

De fin septembre à fin novembre, à l'instar de leurs collègues de la Magistrature, de l'Administration, de l'Université, comme nos députés, nos sénateurs, nos ministres, comme tous les domestiques, en un mot, que nous payons pour nous tyranniser, nos fonctionnaires officiers goûteront ainsi, **en position de solde entière**, les délicieuses heures d'un repos, inconnu de ceux qui, dans une année, trouvent juste le temps de suer l'impôt, dont s'enflent à en crever toutes ces panses inutiles.

Le retour des manœuvres sonne aussi, pour quelques heureux, l'heure chérie de la libération. Le calendrier, ami fidèle, suspendu au dessous de la *charge*, est tout noir des jours rayés péniblement, amenant, avec une désespérante lenteur le départ tant désiré.

Enfin, ce cri, longtemps réprimé par la crainte, éclate dans un débordement de joie : « Vive la classe !... » Et les militaires qui ont accompli leur service, payé à la patrie l'impôt honteux de la servile soumission, rentrent dans leurs foyers, soulagés de leur vie de misères, sans regrets d'aucune sorte, et taisant seulement, par prudence, leurs sourdes rancunes et leur écœurement.

Lors du renvoi d'une classe, il est d'usage que le colonel adresse quelques paroles d'adieux aux soldats qui quittent le corps. Ce traditionnel boniment où l'officier s'arrange toujours pour décocher encore à ses hommes quelque suprême ruade insolente, le coup de pied de l'âne du dépit, est, en général, une harangue où l'esprit militariste de domestication de la nation le dispute aux absurdités d'un patriotisme de brutes trop souvent criminelles.

Ce dernier rugissement de fauves qui voient s'enfuir leur proie, se termine inévitablement par cette conclusion doucereuse, toujours émaillée des plus fins jurons.

— « Scrongnieu !... je vois partout sur les murs et jusque sur les portes des latrines : *Vive la classe !... Encore 50 jours à faire !... Plus que 10 jours !... Plus que dix heures à souffrir !...* Je vous avoue, tonnerre de D...., que ça blesse profondément mes sentiments de chef et de soldat !... On dirait, f...ichtre, que le régiment est pour vous une galère. Autrefois, scrongnieu, on était forcé de mettre les soldats à la porte et ils s'en allaient en pleurant comme des veaux. Cependant le service militaire était de sept ans... Allez, rompez, bougre de bougre, c'est tout ce que j'ai à vous dire !... »

C'est peut-être déflorer une telle éloquence que de l'analyser et de la discuter. Cependant, ces observations, ces récriminations, ces aveux de chef à soldat sont trop précieux et trop justes pour que nous résistions à ce désir. Depuis le service de sept ans, les temps, en effet, sont bien changés pour le soldat et les chefs malheureusement ne semblent pas le comprendre ou plutôt, pour satisfaire leur égoïsme, feignent hypocritement de l'ignorer.

A cette époque, les guerres d'Italie, de Crimée, du Mexique, entretenaient dans les corps de troupe une fièvre incessante et une émulation heureuse. La camaraderie, le plus puissant stimulant de l'attachement à la caserne, existait alors réellement, parce qu'elle était nécessaire et s'inspirait des circonstances.

Le chef était mêlé sans cesse à la vie intime du soldat. Il partageait volontiers avec lui, dans les tranchées de Sébastopol et à travers les plaines arides du peu hospitalier sol africain. Aussi, connaissait-il mieux son monde, savait-il mieux le prendre, mieux lui parler. Faut-il le dire, il sentait la giberne.

Maintenant, la vie militaire se présente sous une tout autre phase. Les campagnes ne sont plus là fertiles en avancement et en honneurs. L'intrigue, la brigue, le favoritisme et la fortune en tiennent lieu. Le vieux grognard, ami du soldat, à l'initiative prompte, au coup d'œil heureux, au courage à toute épreuve s'est radicalement métamorphosé.

Il est devenu le paladin moderne, l'officier bachelier, bourré de diplômes, impeccable de tenue et d'éducation et qui éprouve répugnance à descendre trop bas dans l'intimité de l'homme pour le comprendre et pour l'aimer.

Le militarisme à outrance, cet héritage funeste d'une guerre malheureuse, a fait table rase du passé. Et, nous avons, aveuglément, laissé s'accomplir son œuvre néfaste, sans nous offusquer en rien des doctrines de cette école étrangère qui avait pu nous vaincre, c'est vrai, mais à la faveur seulement de notre désorganisation militaire, de nos querelles intestines et de l'absence de scrupules d'un régime de traîtres et d'aventuriers.

Etait-ce là des raisons suffisantes pour renoncer d'un seul coup aux enseignements de tout un passé glorieux ; pour paralyser, dans une indigne contrainte, les élans généreux de notre race ; pour enliser, enfin, dans la honte d'un esclavage abrutissant, les qualités incomparables de notre tempérament chevaleresque ?

Maintenant, déconsidéré par l'esprit nouveau, le soldat a perdu son amour de lui-même, sa fierté et son ascendant moral. Caserné comme du bétail, violenté par ses bergers, discipliné à coups

de plat de sabre et entraîné à coups de talons de
botte, il n'a plus rien de guerrier, ni d'humain:
c'est un bas esclave emmilitarisé.

Et les chefs, abusés par les fausses nécessités
de leur rôle, — on n'ose dire de leur devoir, — ne
le considèrent plus que comme un atôme infime
et méprisable de la formidable Babel militaire.
Ils s'entêtent, aveuglés par leur pouvoir absolu,
leur brutalité irresponsable, à vouloir ignorer
que, dans ces êtres que la loi leur livre pieds et
poings liés, il y a une âme, avec ses sentiments
et ses délicatesses et un idéal civique, apanage
de leur qualité de Français.

Eh ! bien, ces gens-là ne semblent pas se douter, occupés qu'ils sont à leurs besognes misé-
rables, que broyer cette âme, meurtrir ces
sentiments, insulter à cet idéal légitime, c'est
commettre, hélas ! une impardonnable faute et
une abominable erreur. C'est arracher, irrépara-
blement, du cœur de nos soldats leur enthousiasme, leur patriotisme et leur foi candide au
drapeau.

Que devient le conscrit que nous voyons partir au régiment, joyeux et plein de bon vouloir ?.
Qui le reconnaîtrait dans ce soldat libéré qui fuit
la caserne comme un hôpital pestiféré et rentre

dans ses foyers vindicatif et méfiant, se félicitant en lui-même d'avoir échappé aux silos, aux poucettes, à la crapaudine, aux travaux publics ou au peloton d'exécution ?

Certes ! le service militaire, quelque lourdement qu'il puisse peser sur une nation, est une nécessité à laquelle la France ne saurait se soustraire sans s'exposer à de terribles surprises. Mais convient-il encore, pour qu'il porte ses fruits, de l'humaniser, de le nationaliser, de l'adapter, en un mot, aux façons et aux libertés des individus ; d'élever, pour ainsi dire, son niveau au développement intellectuel et au degré d'émancipation d'un peuple, et non de le mettre en opposition systématique avec ses mœurs, ses sentiments et les progrès acquis de son éducation politique et sociale.

C'est une erreur grossière de croire que, tel que nous l'a légué le traité de Francfort, le militarisme prussien soit susceptible de s'acclimater en France et d'y donner de féconds résultats. Ce militarisme, qui tue les vertus guerrières, qui nie les qualités d'une nation, qui ne base ses expériences et ses espérances que sur le nombre de ses soldats et de ses canons, est un danger et, quoi qu'on en dise, un contre-sens d'histoire. Ce serait une folie et un crime de sacrifier, plus longtemps et sans réserves, les avantages de notre race à ses calculs et à ses exigences chimériques, de peur qu'un jour irréparable l'Europe ne dise dédaigneusement de notre grande machine militaire abattue et éventrée :

— Elle paraissait formidable, leur armée, mais il lui manquait pour vaincre son ancienne force morale et les sublimes sentiments de ses soldats.

Mais, qu'importe, c'est là une perspective, dont les godiches inconscients alliés des patriotes à tout faire se soucient beaucoup moins que de *tirer des plans* pour se faire réformer ou bien caser, *in extremis*, dans les services auxiliaires. Pour eux militarisme et nationalisme ne font qu'un. Ils n'ont du service militaire d'autre conception que la cravache d'un soudard cinglant le dos de 500.000 esclaves. D'autre idéal en se réclamant du nationalisme, c'est-à-dire de tout ce qui constitue le patrimoine d'une nation : sa vigueur, son humanité, sa justice, son intelligence, que de livrer tous ces trésors au militarisme artisan, lui, de toutes les vexations, de tous les excès, de tous les crimes, de toutes les ruines et toutes les destructions.

Il y a autant d'antipathie, cependant, entre le nationalisme et le militarisme, autant de dissemblances, d'intérêts contraires et de haines qu'il en existe entre le bourreau et sa victime. Ces deux mots ont horreur de leur voisinage et leur accouplement produit un monstre. Le nationalisme c'est une vierge armée ; le militarisme, un satyre hideux qui dissimule sous une tunique sanglante le poignard de tous les méfaits.

Comment s'étonner, dans ces conditions, de l'amère déception qui attend, sous le régime du sabre, nos cerveaux de vingt ans, emplis seulement de légendes fabuleuses et de généreuses conceptions.

Car, malheureusement, quelque éducation que nous ayons reçue, quelques milieux que nous ayons fréquentés, nous n'en conservons pas moins, jusqu'au seuil de la caserne, un désir ardent et réfléchi d'accomplir consciencieusement nos devoirs militaires. Nous éprouvons, alors, un véritable scrupule à nous sacrifier aveuglément à cette idée imprécise, cette formule vague, cette pensée que des maîtres nous ont traduite en gestes éloquents et enracinée en nous sans jamais bien nous la définir, à ce rien, en un

mot, qui dans notre esprit semble tout :
la Patrie !...

Et ce scrupule même est si désintéressé, si
loyal, qu'aucune hésitation, aucun doute ne nous
arrêtent et que nous ne songeons même pas à
jalouser les privilégiés qui nous laisseront au
port d'armes après un acquit de conscience de dix
mois de service, persuadés que nous sommes que
l'intérêt supérieur de la Patrie en a pu seul décider ainsi.

Certes ! c'est là de notre part un bien naïf
excès de confiance. Mais, que voulez-vous, en-
fantillage ou ignorance, la soif d'être soldat est
insatiable en nous. Nous avons comme le besoin
de vivre sous l'uniforme, car ce nous semble la
nécessaire et naturelle transition qui nous con-
duira de l'insouciance de la jeunesse aux âpres
réalités de l'âge mûr. Et c'est dans cet état
d'âme, que nous marchons radieux, avec notre
bagage d'espoirs et d'illusions, droit aux pièges
du militarisme, aux fourches caudines de tous
les déboires.

On comprend qu'un long séjour à la caserne
ne soit nullement nécessaire pour anéantir le fragile patrimoine moral du conscrit devenu soldat.
Quand celui-ci s'aperçoit que les devoirs militaires

découlent plus de la mystification que du mysticisme guerrier dont son âme était imprégnée, un insurmontable dégoût s'empare de lui. L'uniforme qu'il ambitionnait, pèse sur ses épaules comme une vareuse de forçat. Il s'aperçoit, trop tard, hélas ! que l'Armée dont il attendait son émancipation n'est que l'école de l'asservissement et de la dépravation morale, la grande niveleuse de toutes les qualités qui rehaussent le tempérament et le caractère d'un homme, et, contrairement à ce qu'on lui avait enseigné, l'antipode de l'idée de **patrie**.

Alors qu'il s'attendait à être initié à de nobles exercices, c'est la cuvette d'un supérieur qu'on lui donne à rincer. S'il avait l'espoir de s'élever en grades par le travail et l'intelligence, on se fait fort de lui démontrer que la platitude et la veulerie sont les seuls chemins de l'avancement. Peu importe qu'il prenne goût aux exercices, qu'il soit bon tireur ou adroit cavalier, cela ne lui attirera point l'estime de ses chefs. Pour ces fonctionnaires, efféminés par leur existence de luxure et de paresse, c'est la soumission honteuse, le jésuitisme, la cafardise, le vernis des bottes et l'ajustage des bretelles qui constituent toute la valeur du soldat.

— « C'est une armée de lions commandée par des ânes, disaient de nos troupes nos vainqueurs de l'Année terrible. »

Trente ans de paix ont transformé ces lions en domestiques à tout faire et ce sont les ânes qui les commandaient qui, après avoir accompli cette métamorphose, les tiennent toujours sous leur férule et les mèneront, sans doute, quand l'occasion s'en représentera, à de nouveaux Metz et d'autres Sedan, le « cœur léger » et la conscience vide.

L'Histoire est ainsi faite de ces fatalités et de ces aveuglements et il semble que les plus funestes déconvenues, loin d'ébranler la confiance débonnaire des peuples, ne les enracinent que davantage dans l'erreur et l'aberration et les enchaînent tremblants à la fortune politique des plus incapables et des plus indignes.

Après la guerre franco-allemande, une réaction décisive, non seulement contre l'omnipotence scélérate des généraux, mais encore contre le militarisme prussien dont nous avions supporté toutes les hontes et toutes les brutalités, s'imposait à l'esprit des foules et paraissait inévitable. Et, cependant, esclave de ses destinées, la France, hésitante et faible, laissait passer cette occasion unique de balayer toutes les absurdités militaires et de créer une organisation nouvelle qui répudiât les fautes du passé, et réconciliant la nation avec les nécessités de la défense nationale, lui fit accomplir de bon cœur le sacrifice de ses obligations militaires.

Hélas! notre dernière pendule n'avait pas franchi les Vosges avec notre dernier milliard, que Galliffet, faisant siennes les théories et les méthodes de guerre des hordes dont nous étions, enfin, débarrassés, jouait à Satory les égorgeurs bavarois et expérimentait, sur Paris, l'essai concluant de Bazeilles, avec une maëstria dont des ministres apeurés voulaient encore se servir, trente ans plus tard, pour le salut de la République bourgeoise.

La dernière semelle allemande venait à peine de quitter le sol de la patrie, encore chaud du sang répandu, que Mac-Mahon, le cynique fruit sec de l'Empire, ceignant le laurier fané de Magenta sur son front stigmatisé de l'offense prussienne, se redressait soudain chamarré de l'écharpe républicaine et, général incapable et vaincu, n'en grimpait que plus allègrement au Capitole.

Et c'est ainsi à ces mêmes hommes qui nous

avaient appris le chemin de la déroute que nous abandonnions le soin de notre réorganisation militaire, en les laissant puiser leurs inspirations dans les principes de ce militarisme brutal et fourbe dont leur présomption et leur ignorance avaient, seules, assuré le succès.

Périodes d'instruction. — Inutilité des 28 jours et des 13 jours. — Occupations des réservistes pendant les périodes d'instruction. — Insolence des chefs à l'égard des réservistes. — Tentatives d'assassinat. — Les menaces de « rabiot ». — Astiquage, services de garde et corvées. — L'épée de Damoclès et le sabre de Ronchonot. — Les empanachés de l'active. — L'indépendance des armées de réserve et territoriale. — Conclusion générale.

Quand on examine le fonctionnement et les rouages de notre organisation militariste, que l'on étudie les lois organiques de l'armée, l'esprit et la tendance de ses moindres règlements, on est frappé du sectarisme despotique qui a présidé à la conception et à l'édifiation de cette œuvre et s'acharne, dans une rage obstinée, à enrayer son émancipation et à la laisser, librement, voguer à ses destinées.

Partout on y constate la lutte sourde, implacable du mal contre le bien, de la passion rétrograde contre le progrès, de la barbarie contre l'humanité, de la tuerie et de l'égorgement contre la fraternité des peuples.

Mais, ce qui vous frappe le plus, c'est le machiavélisme infernal sur lequel s'est étayé la suprématie militaire. Sous des lois d'apparence honnête et loyale, où les rengaines patriotiques exultent et déclarent nécessaires toutes les soumissions qui déshonorent les individus et les livrent impuissants aux caprices des chefs, on sent, malgré soi, que se cachent toutes les arrière-pensées et les vils desseins.

Peut-on admettre, par exemple, sous un régime républicain, nominatif au moins sinon réel, la monstrueuse servitude où nous sommes tenus par les exigences tracassières et totalement inutiles de l'observation de nos devoirs militaires. Quelle urgence, quelle nécessité, quelle perspective rendent nécessaires notre dépendance absolue de l'autorité du sabre, dès l'instant où nous avons acquis la force de nous retourner dans l'existence jusqu'à l'extrême limite où, épuisés et fourbus, paralysés par l'âge et par l'effort de toute une vie, nous entrons désemparés dans les transes de la vieillesse ?....

Que l'on nous impose un séjour à la caserne pour notre éducation militaire et, à la rigueur, pour la constitution d'une armée permanente de première ligne, toujours prête pour prévenir les surprises, nous nous inclinons sans rechigner et sous la seule réserve que le régime que nous y subissions soit respectueux de nos droits légitimes.

Mais, que l'on s'autorise d'absurdes et chimériques nécessités pour nous arracher à nos affaires, à nos familles, à nos enfants, pour nous faire effectuer de ridicules périodes d'instruction pendant lesquelles il n'est pas de mesquineries, de brutalités, d'injures dont ne nous abreuvent de vulgaires fonctionnaires, ces officiers qui, cependant, nous devraient d'autant plus de reconnaissance et de respect que c'est à nos sueurs et à nos privations qu'ils doivent le pain qu'ils mangent et le Samos dont ils arrosent leurs festins, on avouera que la pilule est quelque peu dure à avaler.

Il serait assez malaisé, d'ailleurs, même en observant la mauvaise foi, le cynisme ou l'inconscience de nos législateurs, plats valets toujours des sectes autoritaires, d'essayer seulement de démontrer **l'utilité pratique des 28 jours et des 13 jours.**

Ces corvées dégradantes et importunes que

les sous-Nérons empanachés de la coalition militaire ont arrachées à la faiblesse ou à la complicité des Chambres, avec l'intention bien évidente
de s'en servir pour l'oppression et la domestication de la nation, sont encore une de ces platitu-
des de caporalisme bourgeois contre lesquelles
une société, forte de ses droits et jalouse de ses
libertés, ne saurait s'insurger avec trop de violence.

Eh ! quoi, Messieurs les officiers, vous estimez,
dans cette haute sagesse que les jésuites vous ont
inculquée en même temps que la haine et le
mépris pour le peuple, que notre armée sera plus
forte et plus apte à parer aux désastres qui vous
vaudraient, sans doute, comme en 1870, des honneurs et de l'avancement, parce que des pères
de famille auront ciré vos bottes pendant 28
jours et remué le fumier de vos chevaux ?.

Vous estimez, vous qu'on entend se récrier
sans cesse que trois années de service militaire
vous permettent tout juste de nous enseigner
l'art de crever la peau à nos semblables, vous
estimez, en 28 jours, pouvoir transformer, tout
à votre aise, un dragon, par exemple, en artil-
leur et un cuirassier en pousse-cailloux ?..

Prétendez-vous, au contraire, avec vos 28

jours, réveiller en nous le guerrier qui dort et nous faire prendre goût, sur le tard, à une carrière dont notre service actif nous a permis d'apprécier tous les charmes ?...

Non, n'est-ce pas ?...Vous savez, aussi bien que nous, que chaque nouveau séjour à la caserne est un motif de plus à nous rendre odieuses les institutions qui vous sont chères et les occupations stériles qui en sont la base et l'excuse.

Croyez-vous,entre nous soit dit,que notre patriotisme ne se passerait pas volontiers de vos conseils anticipés et de votre clairvoyance obsédante ?

Pourquoi, je vous le demande encore, vos 28 jours, vos 13 jours ?... Pourquoi nous arracher à notre vie, à notre tâche, à nos devoirs, au risque de la perte de nos emplois, de la faillite de nos affaires et de l'abandon des nôtres aux craintes les plus légitimes et souvent à ce pire des maux : la misère ?...

Soyez sans inquiétude, allez !... Le jour où la défense nationale aura besoin de notre concours et de notre dévouement, ce ne sont pas les périodes d'instruction, corvées d'astiquage et nettoiement de latrines que nous aurons consommés, qui pourront nous servir beaucoup sur le champ de bataille. Ce jour-là, je vous le garantis, comme nous aurions, alors, réellement un foyer, une famille et des institutions à défendre, nous saurions marcher et nous battre pour conserver ces biens et sauvegarder en même temps nos libertés et notre indépendance.

Mais vous ?.. Qu'est-ce que ça peut bien vous ficher, les conséquences d'une guerre ?... Quel que soit le sort d'une nation, qu'elle soit asservie ou libre, il y a toujours, prévu au budget, un râtelier pour les mercenaires.

Oh ! remarquez bien que les chefs militaires ne se font guère plus d'illusions que nous sur l'utilité des périodes d'instruction. Ils ne cherchent même pas, tant ils ont pris l'habitude de peu s'inquiéter de nos récriminations, à sauver le moins du monde les apparences. Que le feraient-ils, d'ailleurs, puisque la haute protection des pouvoirs publics est acquise à l'avance à leurs coups de force et à leurs abus.

Donc, les périodes dites d'instruction, quand elles ne sont pas employées, par les officiers, à faire crever le réserviste sous le harnais, sous prétexte d'éprouver son endurance, comportent généralement un programme des plus variés.

Témoin cet entrefilet emprunté à l'*Aurore*

et paru dans son numéro du 11 août 1901 :

Emploi du temps des réservistes au 17e régiment
d'artillerie à La Fère :

1er *jour*. — Remise du livret et de l'ordre d'appel.

2e   —   Habillement, armement.

3e   —   Manœuvre.

4e   —   Manœuvre.

5e   —   Chargement de gravier, de sable et de
          sacs de ciment.

6e   —   Manœuvre le matin. Départ des permis-
          sionnaires.

7e   —   (dimanche.) Rien.

8e   —   Graissage des chaussures et des ceintu-
          rons.

9e   —   Le matin, balayage. Le soir, garde.

10e —   Suite de la garde.

11e —   Terrassements ; sciage de piquets.

12e —   Le matin, balayage. Le soir garde.

13e —   Balayage des magasins. Départ des
          permissionnaires.

14e —   (dimanche). Rien.

15e —   Balayage des cours. Garde.

16e —   Suite de la garde.

17e —   Graissage et rangement des harnache-
          ments au magasin.

18e —   Corvée chez le maître-armurier; grattage
          des fourreaux de baïonnettes et des ca-
          nons de mousquetons.

19e —   Manœuvre de parade ; instruction sur
          le nouveau canon. Garde.

20e — Suite de la garde. Départ des per-
missionnaires.
21e — (dimanche) Rien.
22e — Corvée à l'arsenal ; manipulation de
crin pour les selles ; balayage des
magasins.
23e — Manœuvre de parade. Garde.
24e — Suite de la garde.
25e — Corvée au magasin d'habillement.
26e — Déshabillage, désarmement, libération.

Cette nomenclature, il faut en convenir, est passablement éloquente. Il semblerait même qu'elle puisse constituer un tableau type des occupations auxquelles sont astreints les réservistes, à la caserne. Eh bien ! le 17e régiment d'artillerie, quoique digne d'une mention honorable, est cependant battu de loin dans ce record du balayage, car son parcours est malencontreusement interrompu de cinq séance de manœuvre et d'une sur l'instruction du nouveau canon.

Or, dans certains corps d'armée, dans le plus grand nombre même, il y a beau temps que les autorités militaires ne se soucient plus de corser le programme des périodes de 28 jours et de 13 jours, du moindre exercice ou de la plus insignifiante manœuvre. Le bon exemple, d'ailleurs, part de trop haut pour ne pas être suivi avec empressement . Le gouvernement militaire de Lyon, sous le haut patronage du généralissime de l'Armée des Alpes, nous fournit deux preuves convaincantes de cet état de choses assez plaisant et nous dévoile, en même temps, l'embarras où se trouvent les chefs d'employer utilement les périodes d'instruction et la façon toute singulière avec laquelle, à fin de compte, ils tournent adroitement cet écueil.

De ces deux faits que nous allons signaler, le premier remonte à quelques mois et le second est de date toute récente. Les voici tous deux, dans l'ordre où ils se sont produits.

Un caporal-réserviste, affecté au 75me de ligne, en garnison à Romans, après avoir épuisé une longue série de sursis et obligé finalement de réendosser l'uniforme pour accomplir une période de 28 jours, obtint sans grande difficulté de *tirer* son temps à Lyon qu'il habitait avec sa famille et où on créa pour lui cette sinécure : **réserviste-bicycliste attaché au service de l'Ecole de santé militaire et à la personne du médecin-chef**. Conformément à l'esprit de cette réjouissante formule, toutes les attributions de l'heureux *réservoir* consistèrent à aller prendre, chaque matin, au Pensionnat du Sacré-Cœur de Jésus, des nouvelles de l'état de santé de la fille du médecin-chef.

Le second fait, que nous annoncions plus haut, concerne le cas d'un marchand de voitures automobiles. Cet expert chauffeur et habile tireur au flanc effectua une période de 28 jours, uniquement en balladant, dans sa confortable Panhard et Levassor, les officiers d'état-major de la garnison de Lyon et jusqu'aux conseillers municipaux de la gestion Augagneur.

Lisez plutôt cet entrefilet communiqué à la presse de la localité et, bien entendu, enregistré par elle avec le plus servile empressement, sans commentaire aucun et dans toute sa délicieuse naïveté :

« Notre municipalité a doté le bouillant chauffeur M. C...., militaire réserviste pour 28 jours, du matricule 69 qui est en même temps un gros numéro. En compensation, la voiture du dit numéro fait du bon service pour l'armée et pour la municipalité. Aperçu, place Bellecour, le fantassin-automobiliste, sous les ordres et sous la conduite de l'adjudant de place, venant prendre M. Décléris, adjoint au maire de Lyon, pour le conduire également où son service l'appelait. »

. Je vous concède que l'allusion au « matricule 69 qui est, en même temps, un gros numéro », ne soit pas d'une finesse rare ; mais, en revanche, on ne peut que trouver exquise l'aventure de ce réserviste accomplissant sa période de 28 jours, sur le siège d'un confortable automobile, « **pour l'armée et pour la municipalité** ». Nos plus féconds vaudevillistes se creuseraient la cervelle longtemps avant de trouver une situation aussi bizarre et drolatique et c'est là un filon qu'ils ne manqueront, certes, pas d'exploiter.

N'allez pas croire, cependant, que nos citations vont s'arrêter là. Le 16me régiment de chasseurs recevait et doit recevoir encore des fournées de réservistes que le corps ne prenait pas même la peine d'habiller et qui accomplissaient leurs 28 jours, dans les ateliers des maîtres-ouvriers, à battre la semelle, tirer l'aiguille et confectionner toutes sortes d'effets **pour la clientèle civile** de ces manufactures où la main d'œuvre est payée par les allocations du budget. Un de ces réservistes, père de famille, puni de huit jours de prison pour un insignifiant retard, fut retenu au corps, pendant un laps de temps égal, après l'expiration de sa période. Mais au lieu d'être tenu sous les verroux, on l'obligea à continuer le travail des ateliers pour le plus grand profit du maître-sellier du corps et on ne le tint enfermé dans une salle de police que la durée des nuits seulement.

Au 2ᵐᵉ régiment d'artillerie, à Grenoble, les réservistes d'une période toute récente furent employés, les uns à blanchir les plafonds et les murs du casernement, les autres à construire une tribune pour une revue et à ramasser les cailloux sur le polygone. Il y avait, entre autres, parmi eux, d'anciens chasseurs d'Afrique que l'on avait versé là aux petits hasards de la mobilisation, et qui ne connaissaient absolument rien, et pour cause, au service et à la manœuvre des canons. Le tableau de travail comportait, en outre, corvée de quartier, **pour les réservistes seulement**, de 6 heures à 9 heures du matin et de midi à 2 heures.

A Bourges, aux 1ᵉʳ et au 37ᵐᵉ régiments d'artillerie les occupations des réservistes sont à peu près identiques. Ils cassent des cailloux, tirent des pierres d'une carrière et dégraissent pour les regraisser immédiatement le stock de bidons, gamelles et harnachement du corps.

Avec les seuls témoignages et documents que j'ai recueillis, je pourrais, sans difficulté, poursuivre presque indéfiniment cette instructive nomenclature. Mais, nous en resterons là, pour le moment, non pas que les exemples qui précèdent constituent des cas isolés ou exceptionnels, mais, bien au contraire, parce qu'ils sont la règle générale en faveur dans tous les régiments, qu'il faudrait un véritable annuaire rien que pour signaler les principaux et que l'on risquerait, même, dans ce cas, d'omettre souvent les plus démonstratifs.

Eh ! bien, il faut, pour la tranquillité de nos foyers et le respect de la famille, que ces chinoiseries cessent et que ces vexations prennent fin. La nation montre assez de patience et assez de générosité déjà, en entretenant une formidable bande de parasites qui, sous prétexte de servir la patrie, se font appointer, galonner, décorer, subventionner, retraiter et statufier, pour que des citoyens libres, qui ont largement payé l'impôt du sang par trois ans d'intoxication de caserne, ne soient plus exposés **périodiquement** à servir encore de mannequins à tout faire aux exploiteurs de soldats, faiseurs de dupes et d'esclaves.

Et, puisque, sur tous les bancs de la Chambre, — cette attitude est de bonne guerre à la veille des élections, — on daigne enfin parler de diminution de service militaire, que l'on commence par le bon bout en votant immédiatement cette réforme

vraiment patriotique et populaire : **la suppression pure et simple des 28 jours et des 13
jours**, c'est-à-dire la soustraction, aux ridicules
besognes de caserne et aux cures malsaines de
maniement d'armes et de balais, de gens dont
les devoirs et les occupations sont ailleurs.

Mais, si les réservistes, mal nourris, mal cou-
chés, mal vêtus et soumis à des corvées de *ba-
gneux* ne sont guère favorisés au point de vue
matériel, ils sont plus mal servis encore aux
points de vue moral et humain.

En bonne logique, cependant, cette situation
est loin d'être normale, et j'opine à croire plutôt
qu'on doit la considérer, en bloc, comme indigne et
intolérable. Si les chefs, arrogants, brutaux et
mal embouchés avec les hommes de l'active, se
plaisent à les traquer, pendant leurs longs mois
de service, aux perfides détours de leurs caprices
de leurs colères ou de leurs sourdes rancunes,
il apparaît qu'ils devraient user d'une plus juste
modération lorsqu'ils prennent contact avec des
réservistes.

A l'égard de ces soldats, la plupart pères de
famille, en tous cas tous citoyens libres payant
l'impôt et collaborant à l'exercice du pouvoir
et à l'application des lois, le respect, à défaut de

la reconnaissance du ventre, doit être **obligatoire** et rigoureusement **exigé** chez nos fonctionnaires militaires, simples domestiques, — on ne serait trop le répéter, — aux gages de la nation et surtout chez les jeunes morveux de 19 à 22 ans couvés à l'hospice de Saint-Cyr, cette Maternité des officiers phénomènes.

Ce respect du chef envers le soldat est d'une importance primordiale. C'est un principe constitutif, essentiel, irréductible, sans lequel l'armée n'est plus pour nous que la méprisable inquisition d'une caste, le culte de la haine, de la persécution et le germe de la guerre civile. Aussi ce respect nécessaire à notre dignité et à esprit d'indépendance, nous voulons qu'il règne sans retard, nous l'exigeons avant même toute autre réforme, et, s'il faut pour le conquérir que nous ayons recours à la force, eh! bien, nous l'imposerons par le plus sacré des droits : la violence.

Il ne sera pas dit que quelques ridicules guerriers en baudruche, quelques fils à papa gâteux et autoritaires ou quelques scélérats blasonnés, fruits pourris d'une aristocratie louche imposeront plus longtemps à tout un peuple la honte de leur morgue et de leur pouvoir despotique.

Encore une fois, nous consentons à admettre,

l'existence indispensable de l'armée ; nous nous résignons, quelque cher qu'il nous coûte, à payer son entretien , celui de ses chefs, de leurs larbins, de leurs chevaux, de leurs chiens et de leurs maîtresses ; nous nous soumettons de bon cœur aux exigences du service actif égal pour tous ; mais nous protestons avec la dernière énergie contre cet état de choses scandaleux , véritable survivance aux usages de la glèbe, qui nous rive, comme des forçats, aux talons de bottes des soudards et nous livre sans défense, ni recours d'aucune sorte à leurs grossiéretés et leurs lâchetés coutumières.

Si l'Armée ne peut vivre qu'au seul prix de ces ignominies, qu'on la démolisse et qu'on la balaye ; car de cette institution criminelle et barbare nous sommes écœurés et ne voulons plus. C'est là le plus grand bien que l'on puisse souhaiter, d'ailleurs, pour la défense nationale, car une armée que domine un pareil esprit de servilisme n'est bonne que pour la sédition, la déroute ou la guerre civile.

Nous avons dit que les réservistes souffraient, peut-être, davantage encore que les soldats de l'armée active de cette abominable situation morale où les acculent l'insolence des chefs et l'absence totale dans les règlements du moindre article efficace pour la protection des individus contre les insultes et les illégalités du panache.

Les officiers, ces *dilettanti* de l'épithète ordurière, sont les derniers, comme bien l'on pense, à ignorer cette particularité. Aussi leur penchant naturel à l'*engueulade* s'en trouve-t-il fort encouragé et, du caporal au généralissime, toute la meute des gradés s'en donne-t-elle à cœur joie sur cette docile et patiente tête de turc qu'est le soldat ou seulement l'inférieur. Comme ce sport est sans danger et ne porte pas à la plus insignifiante conséquence, on conçoit qu'il groupe beaucoup d'adeptes, d'autant plus infatigables et courageux qu'ils exercent leurs petits talents de société sur des gens qui n'ont ni le droit de répondre ni celui de protester.

Ces mêmes officiers se doutent également, d'autre part, que les réservistes, à côté de leurs obligations militaires, ont des devoirs impérieux et sacrés pour la sauvegarde desquels ils ne peuvent hésiter longtemps à sacrifier leur amour-propre et à faire amende honorable à la formule d'« obéissance passive et de soumission de tous les instants » qui est la pierre angulaire de l'esclavage militaire.

C'est pour cette raison qu'avec les réservistes, les officiers, interprétateurs souverains d'un
code aussi sanguinaire qu'élastique, n'ont nul
besoin de déployer un grand courage dans l'in-
sulte. Ils savent bien, du sous-lieutenant à peine
sevré, roquet hargneux et rageur, jusqu'au colonel incorrigible, culotté par la crasse de toute une
carrière, qu'ils peuvent s'offrir sur ces hommes,
momentanément rayés de l'humanité, et chez
qui la colère et le dégoût sont maîtrisés par la
conscience de leurs hautes responsabilités morales, le luxe des taquineries mesquines et des
amères mortifications.

Prenons, à l'appui de cette proposition, un
exemple fréquent et décisif : le cas du réserviste
père de famille. Croyez-vous que le malheureux,
livré à des galonnards perfides et provocateurs
qui ne voient dans les périodes d'instruction que
l'occasion de satisfaire la haine imbécile et vio-
lente du militaire contre le civil, ne préférera
pas se contraindre à tous les silences et toutes
les humiliations plutôt que de tenter une vaine
résistance qui attirerait sur lui les plus terribles
représailles ?...

Croyez-vous qu'au moment de cracher à la
face de son bourreau la réplique qui crispe ses

lèvres, blêmies de l'offense endurée, au moment,
peut-être, de consommer le geste de révolte
irréparable, où l'homme de cœur aurait agi,
l'époux et le père ne verront se dresser le spectre
du conseil de guerre et la vision d'une femme et
d'enfants éplorés clamant à des juges, odieux
dans leur impassibilité de commande, leurs misères et leurs supplications ?...

Vous voyez bien que la partie est belle pour
les vieux cornards enculottés de peau et pour les
muscadins dressés par les Jésuites pour punir le
peuple de s'être émancipé, servir les rancunes
de race de la Noblesse et de l'Eglise et, transfuges
du trône et de l'autel, entretenir, dans l'armée
républicaine, les dernières espérances de toutes
les réactions.

Les réservistes assez bien partagés, comme on
vient de le voir, par les provenances et les sym-
pathies dont les entourent nos fonctionnaires militaires, toujours pleins d'égards pour la Nation,
sont, en outre, exposés à quelques avaries maté-
rielles, voulues ou préméditées, qui éclairent d'un
jour flatteur l'état d'esprit de certains officiers.

Nos lecteurs, en se reportant au sommaire de
ce chapitre, verront qu'il s'agit ici de ..... brimades, assez..... spirituelles, que nous avons dû,

pour la vérité historique, qualifier de leur nom : tentatives d'assassinats.

Je ne veux point parler ici d'incidents de fraîche mémoire dont les réservistes des 75e et 38e de ligne ont eu à souffrir et dont plusieurs je crois, sont décédés , mais d'un fait précis dont personne ne saurait contester la tendance.

On sait qu'un divertissement très en faveur dans la cavalerie consiste à faire désarçonner les hommes, soit en effrayant leur monture, soit en lui chatouillant agréablement les flancs avec le fouet d'une chambrière. Il en résulte, quelquefois, des accidents fort graves ; mais, comme il y a pour les cavaliers un Dieu protecteur, comme pour les ivrognes, cet exercice fort hygiénique se traduit généralement par une *pelle* sans importance. Cette pratique, certes, est criminelle tout autant que certains sauts périlleux et tours de voltige acrobatiques que l'on fait accomplir aux hommes, dans certains régiments, **en violation formelle des règlements**, et seulement pour corser le programme des carrousels et des inspections.

Mais, ce qui est plus criminel encore et appelle d'énergiques et implacables sanctions, c'est l'impudence avec laquelle les officiers jouent trop souvent de la vie des réservistes et exposent, **de parti-pris et de propos délibéré**, à des accidents **évitables** ces hommes qui ont perdu la pratique du cheval, la souplesse de leurs vingt ans et dont l'embonpoint, quelquefois, est peu conforme aux exigences physiques de l'équitation militaire et de ses nombreux dérivés.

Rien n'importe moins, cependant, aux centaures galonnés, fort ménagers de leur propre carcasse, que la logique de ces considérations. Pour eux,« **faire casser la gueule à un réserviste** » est une de ces distractions de gentilhomme dont devaient raffoler jadis les divinités de l'Olympe. Aussi, MM. les officiers laissent-ils rarement échapper l'occasion de s'offrir ce spectacle gratuit et, bien au contraire, s'emploient-ils de leur mieux pour en régler tous les détails.

La méthode de préparation de ces criminels projets, dont un simple pékin aurait fort justement à rendre compte à M.Deibler, est, d'ailleurs, d'une simplicité rare. Elle consiste en un triage sévère des chevaux les plus rétifs et les plus dangereux et à l'affectation de ces nobles bêtes à la remonte des réservistes. Les capitaines-commandants des escadrons, où s'accomplissent des périodes de 28 jours et de 13 jours, donnent des

ordres en conséquence et cette sélection macabre
s'opère dans chaque peloton par les soins des gradés subalternes et sous le haut contrôle de l'officier. On arrive ainsi à constituer, à l'intention
des réservistes, une cavalerie toute spéciale où
sont représentés dignement les champions en
coups de rein, coups de gueule et coups de pieds
de la race amie de l'homme et, grâce à cette heureuse combinaison, on obtient, pour la plus grande
satisfaction des yeux, un nombre considérable
de chutes et une moyenne encourageante d'accidents.

Bien entendu, quand éclate un scandale, qu'un
malheureux réserviste « **se casse la gueule** »
en effet, victime expiatoire de ces abominables
guet-apens, les coupe-jarrets de l'active dé-
clinent, avec leur courage habituel, les responsabilités de cet assassinat, closent les enquêtes qu'ils
ouvrent **eux-mêmes** par un étouffement de 1re
classe et mettent sur le compte de la maladresse
et de l'« inexpérience » du cavalier, le résultat de
leur œuvre criminelle.

Le « rabiot » complète honorablement l'arsenal inquisitorial de tortures et de vexations, dans
lequel les argousins du panache ont acculé, puis
emprisonné le réserviste. Cette institution est une

arme dangereuse et la concession la plus lâche, en tous cas, que la veulerie de nos législateurs ait encore accordée à la coterie militariste.

C'est le droit pour le fonctionnaire officier de prolonger, au gré de son désir, les souffrances et l'exploitation des citoyens que la loi lui livre. C'est-à-dire la possibilité pour le galonnard parasite de retenir arbitrairement un homme sous les drapeaux après l'époque fixée pour sa libération légale, sans aucun recours possible contre cette mesure draconienne et sans autre forme de procès que le bon plaisir du cuistre insouciant qui ordonnera, entre deux verres d'absinthe, l'exécution de cette contrainte, qui est pire encore qu'une condamnation régulière

Les faveurs du « rabiot » sont accordées, dans l'armée active, aux seuls hommes libérables qui, pendant leur séjour sous les drapeaux, ont encouru des peines de prison. Mais, dans la réserve, par un louable esprit d'extension, cette punition rigoureuse est infligée non seulement aux militaires qui, pendant leurs périodes d'instruction, ont usé de l'hospitalité de la « grosse », mais encore à ceux qui n'ont fréquenté que les locaux de la salle de police, ou se sont contentés même de la simple consigne au quartier.

Dans ces conditions d'excessive rigueur, il est tout naturel que nos fonctionnaires officiers, forts des avantages d'une situation inique, fassent preuve d'un zèle jaloux, pour agiter sans cesse, comme un épouvantail, sur la tête des réservistes désarmés, cette menace d'arbitraire répression.

C'est grâce à ce stimulant incomparable, entre les mains des chefs véritable arme de chantage, que l'on arrive à imposer aux « vingt-huit jours » et aux territoriaux, sans même qu'ils osent risquer la moindre réclamation, des corvées et des besognes ridicules qui sont à l'instruction militaire ce qu'est une cinquième roue à un carosse ; grâce à la perspective peu alléchante d'une prolongation illimitée de leurs périodes, au moindre symptôme de résistance, que les suppôts ignares de la routine imbécile en arrivent à n'astreindre qu'aux seuls labeurs d'un astiquage forcené ces citoyens — ô contraste, — affublés momentanément, **pour perfectionner leur instruction militaire**, des défroques de nos garde robes nationales.

La plupart du temps, en effet, les réservistes ne sont guère occupés, en dehors des corvées et balayages que nous avons signalés tout au long, au début de ce chapitre, qu'à vernir des bottes, polir des aciers, gratter les parquets, noircir des pieds de châlits, cirer des planches à pain, dégraver des armes préhistoriques et tranformer les hardes sordides que leur délivrent les magasins d'habillement, en manteau d'Arlequin fait de cent carrés d'étoffe.

Pour s'assurer qu'ils s'acquittent consciencieusement de ces travaux si nécessaires à l'affirmation de notre puissance militaire, les capitaines, flanqués de tous les gradés sous leurs ordres, passent aux réservistes de minutieuses revues de toute catégorie suivant un cérémonial digne de manifestations plus profitables.

Bien pénétrés, d'ailleurs, de la grandeur de leur mission, ces fonctionnaires dévoués font preuve, pour ces sortes d'inspections, d'une minutie, d'une exigence, d'une recherche entêtée de la perfection et de l'éclat, que l'on ne rencontre que rarement, hélas! quand ce sont eux, capitaines et gradés, qui à leur tour sont passés au crible.

Tous les coins et recoins des fourniments hors service, nids à poussière, à crasse et à microbes, affectés à l'équipement des réservistes sont visités avec soin, en ces circonstances. Pas de tiges de bottes qui ne soient inspectées, de godillots et de fonds de culottes qui ne soient visités jusqu'en leurs réduits les plus intimes ; de capotes et de pantalons, dignes d'un vestiaire de brocanteur centenaire, dont le mauvais entretien et l'état de vétusté ne soit reproché à leurs propriétaires d'un jour ; enfin, de coupe-choux et de flingots réformés dont ne soient imputés aux réservistes les stigmates ineffaçables produits par la rouille amassée depuis souvent un demi-siècle d'usage.

De tout cet attirail, indescriptible tant les réparations, les adjonctions et les retapages l'ont réformé et déformé ; de tous ces vieux effets de cour des miracles que des générations se passent de père en fils, rapiécés, effilochés, déchiquetés et réduits par l'usure à leur plus inqualifiable expression, il faut qu'aux grands jours de revue, les réservistes, toujours pour perfectionner leur instruction militaire, ressuscitent les formes et le vernis d'antan. Les empanachés de l'active, grands chercheurs de poux dans la paille, ne leur permettraient pas la moindre dérogation à ces patriotiques obligations, dont la menace de « rabiot, » au surplus, est là pour assurer la scrupuleuse exécution.

C'est pour nous livrer à cette orgie d'astiquage et pour satisfaire, en même temps, la manie d'un tas d'officiers d'autant plus exigeants sur l'entre-

tien d'autrui quele leur laisseà désirer davantage;
pour ces motifs ultra-sérieux, ainsi que pour les
corvées de balayage, les blanchiments de casernement et les poétiques cueillettes de cailloux
sur les terrains de manœuvre et les polygones,
que l'on nous arrache brutalement, je le répète,
et sans que l'intérêt de la défense nationale ne
soit jamais consulté, à notre liberté, à nos familles, à nos affaires, pour nous river aux bat-
flancs des casernes.

Vraiment il faut que la caste militaire soit décidément bien puissante en France ou que le
peuple y soit fortement anémié pour que les
internements *pro Patria* de 28 jours et de 13
jours y soient encore si patiemment supportés.

Mais, au fait, il nous importe peu de rechercher les causes de notre longanime soumission à ces prestations séculaires si malheureusement enracinées dans nos mœurs. Il n'est qu'un
point seulement sur lequel il convient d'insister,
c'est que, sous quelque face qu'on les examine,
par quelque côté, même favorable, que l'analyse
les aborde, les périodes dites **d'instruction,** par
la seule façon dont elles sont comprises et
exécutées, prononcent leur propre condamnation.

C'est en vain que l'on cherche, en effet, l'ombre

d'un résultat qui leur servirait d'excuse ou le
motif le plus subtil qui pourrait être plaidé en
faveur de leur institution. Aucune nécessité
technique, aucune perspective d'utilité pratique
ne viennent justifier leur raison d'être et appuyer
d'arguments sérieux la thèse surannée de leur
existence indispensable au bon fonctionnement
et à l'éducation de nos forces militaires.

Donc, si l'on songe que, depuis trente ans,
des centaines de mille d'individus ont été assu-
jettis à ces prises d'armes périodiques, sans
qu'aucune crainte immédiate de guerre ne recom-
mandât plus spécialement ce mode incohérent
d'instruction à l'esprit de prévoyance des grands
chefs, on est bien obligé de chercher, ailleurs
que dans des inquiétudes patriotiques et des
soucis honorables de défense nationale, les raisons
et les intentions qui guidèrent, en cette circonstance, les promoteurs de ces manifestations
stériles.

La vérité est, plutôt, que le service actif seul,
sans compléments, comme sans lendemains, ne
donnerait pas aux traîneurs de sabre cette
puissance exorbitante, cette suprématie despotique, cette autorité maîtresse et intransigeante
sur les destinées de la Nation, que leur garantit,

au contraire, un régime militaire où les citoyens restent, jusqu'à l'extrême limite de l'âge, soumis étroitement à des obligations précises qui marquent les étapes de leur déchéance physique, leur rappellent leur condition de dépendance faite d'absolue servitude et, enfin, ne leur rendent leur liberté que lorsque les enchaînent déjà les infirmités de la vieillesse.

Voilà, d'instinct, quelles arrière-pensées dictèrent, bien certainement, aux autocrates du panache cette conception saugrenue des périodes de réservistes et contribuent encore à l'intégral maintien de leur cortège de vexations.

De quelque façon, d'ailleurs, que l'on envisage le recrutement de l'armée, on ne saurait raisonnablement attribuer à l'intervention d'un autre ordre d'idées les 28 jours et les 13 jours pendant lesquels, du métier des armes, ne refleurissent que les tracasseries, les enfantillages et les absurdités. Ainsi l'on s'explique, alors, que cette abusive institution nous la devons bien réellement à cette passion vivace et perfide d'odieuse et implacable domination, qui constitue l'acte de foi de cette caste militariste où se sont amassées les haines du passé et où fermentent les rancunes civiles dans la lie de la hideuse oppression.

Et, devant cet état de choses, on comprend combien il est regrettable que nous nous laissions berner par la mauvaise foi du pouvoir militaire et que nous écoutions complaisamment les exhortations d'un ramassis de niais ou de complices qui nous chantent à l'unisson nos devoirs envers la patrie et le drapeau et exaltent la grandeur d'un sacrifice fait seulement de combinaisons machiavéliques et de louches complications.

Vienne le jour où, dans un élan de résolution virile, nous levions, enfin, la tête au lieu de ramper et de nous affaler toujours devant les bottes et les galons, et nous rirons alors de notre terreur enfantine ; car le militarisme que nous supportons dans la crainte de représailles chimériques, cette épée de Damoclès dont nous nous gardons prudemment de provoquer la chute, n'est qu'un sabre émoussé qu'agite de sa main flasque la silhouette épique du pédant Ronchonot.

Voilà quel spectacle nous serait offert, si une réaction décisive rompait le charme fragile à l'abri duquel sommeille, sous une auréole, le pouvoir militaire, moderne Walkyrie. Car, soyez-en certains, si quelque évènement, hélas ! trop problématique voulait qu'un jour prochain les enpanachés de l'active, mis face à face avec leurs lourdes responsabilités, fussent contraints de rendre compte à la Nation des efforts sincères qu'ils ont accomplis pour lui donner une armée solide, résultat exigible des milliards dépensés, je doute que nos fonctionnaires officiers puissent répondre autrement que par un aveu d'impuissance et un *mea culpa* de coupable inaction.

De l'armée active, avec raison, ils n'auront droit de se flatter que d'avoir fait des légions de domestiques ; dans le cœur de nos soldats de n'avoir versé que la coupe amère des injustices, des impertinences et des désillusions ; dans le budget de n'avoir creusé, avec leurs prébendes et leurs retraites, qu'un gouffre énorme et scandaleux ; enfin, d'avoir consommé cette monstrueuse besogne de traîtres : brouiller à jamais, par leur arrogance, l'armée et la nation.

On sait, d'autre part, quelles réformes heureuses et quelles attentions ils prodiguèrent à l'organisation de nos troupes de seconde ligne. C'est grâce aux fameuses périodes d'instruction qu'ils instituèrent pour les réservistes que notre réserve et notre territoriale constituent maintenant des corps invincibles qui peuvent, sans crainte, si le cœur leur en dit, provoquer l'Europe en armes dans un chevaleresque tournoi de balayage ou, au choix, un concours international de récurage de tinettes et de badigeonnages de goguenos.

Oui, certes, nos officiers ont assumé la responsabilité de ces grandioses tâches, alors même qu'il leur était loisible de se conduire de toute autre façon. Ils ont réalisé ces progrès et ces conquêtes, humblement, sans fracas, en gens de conscience et de dévouement.

Ils se sont bien gardés, comme vous et moi, sans doute, aurions été tentés de le faire, de prévenir l'épouvantable désordre où nous jetterait une mobilisation générale. Ils auraient pu, mais ils ne l'ont pas fait, s'inspirer de l'organisation modèle de ces admirables commandos du Transval et de l'Orange qui tiennent en échec, depuis trois ans, toute la puissance anglaise inutilement mobilisée pour les vaincre et tenter de grouper par région nos troupes de seconde ligne qui, dès le temps de paix, seraient équipées et armées sur place, et, au jour de la mobilisation, rassemblées et prêtes en quelques heures.

Malheureusement, la conception de ce programme exigerait, comme premier élément de réussite, l'indépendance absolue des armées de réserve et territoriale, avec leurs cadres, leurs

services et leur administration propres. Or, c'es
trop demander à ceux qui vivent de leurs galons
que de renoncer aux prérogatives qu'ils se sont
accordées sur toutes les fractions de l'armée. Car,
du jour où cette indépendance serait résolue et
cette organisation nouvelle réalisée, nul doute
que la nation ne se passe du **concours permanent** de beaucoup trop de bouches inutiles et
ne réduise, en conséquence, d'une proportion notable et rationnelle, le nombre exorbitant des pi-
que-assiette.... au beurre de l'active.

Nous avons épuisé, dans ces dernières considérations, les matières de ce chapitre final ainsi que
de ces « pages vécues » que nous avons décorées
d'un titre sans doute prétentieux, mais qui
traduit sincèrement la pensée dominante de cet
ouvrage.

Puissent ceux qui nous ont lu bien comprendre
à quels mobiles nous avons obéi en dressant contre
le militarisme ce bien faible réquisitoire. Qu'ils ne
croient pas, surtout, à la satisfaction d'un ressen-
timent personnel, pas plus qu'à l'impulsion de
rancunes et de haines qu'aucun incident de notre
vie militaire ne saurait vraisemblablement justifier.

Tous ceux, d'ailleurs, qui ont passé sous les

drapeaux ne retrouveront dans ces pages que des faits d'une scrupuleuse exactitude. Quant aux critiques et aux jugements que nous avons exprimés, ils ne nous sont nullement personnels. C'est le reflet exact des sentiments de gens qui aiment véritablement notre armée et sont impatients de la voir sortir, enfin ! de l'ornière.

Certes ! en dénonçant, après tant et tant d'autres écrivains plus compétents et plus autorisés, les agissements scandaleux, les abus et l'incurie sous lesquels succombe notre organisation militaire, nous n'avons pas espéré, un seul instant, vaincre l'indifférence et l'apathie du public. Nous avons cependant éprouvé un soulagement de conscience en signalant des maux que nous avons pu contrôler et qui rongeraient l'armée jusqu'à sa ruine, si un courant patriotique et clairvoyant ne renverse les murailles saintes derrière lesquelles s'abritent la routine et le puffisme militaires et n'accomplit l'œuvre de réforme, de relèvement et de progrès, indispensable à notre sécurité et à notre grandeur nationales.

FIN

Table des matières

TABLE DES MATIÈRES

Chapitre 1 :

Chapitre II :

Chapitre III :

Chapitre IV :

Chapitre V :

Chapitre VI :

Chapitre VII :

FIN DE LA TABLE DES MATIÈRES.

www.ingramcontent.com/pod-product-compliance
Ingram Content Group UK Ltd.
Pitfield, Milton Keynes, MK11 3LW, UK
UKHW021921070726
13614UKWH00001B/163